ニッポンじゃ

アリエナイ世界《せかい》の国《くに》

監修《かんしゅう》 斗鬼《とき》 正一《まさかず》

イラスト あべさん

プリプリプリ
エジプト
インドネシア
ロシア
メキシコ

はじめに

いやがおうにも、世界《せかい》はちぢむよ、どこまでも。
どんどん小《ちい》さくちぢまって、人《ひと》も文化《ぶんか》も、
あっという間《ま》に世界《せかい》に広《ひろ》がります。

我《われ》らがニッポンだって、よその色《いろ》んな文化《ぶんか》が入《はい》ってきますが、
ちがう文化《ぶんか》だらけになったニッポンなんて
「アリエナイ！」「まっぴらごめん！」と思《おも》ってしまいます。
何《なに》しろ、虹《にじ》は２色《しょく》とか、太《ふと》っているほどモテるとか、意味不明《いみふめい》。
私たちの「常識《じょうしき》」、「当《あ》たり前《まえ》」、大崩壊《だいほうかい》。

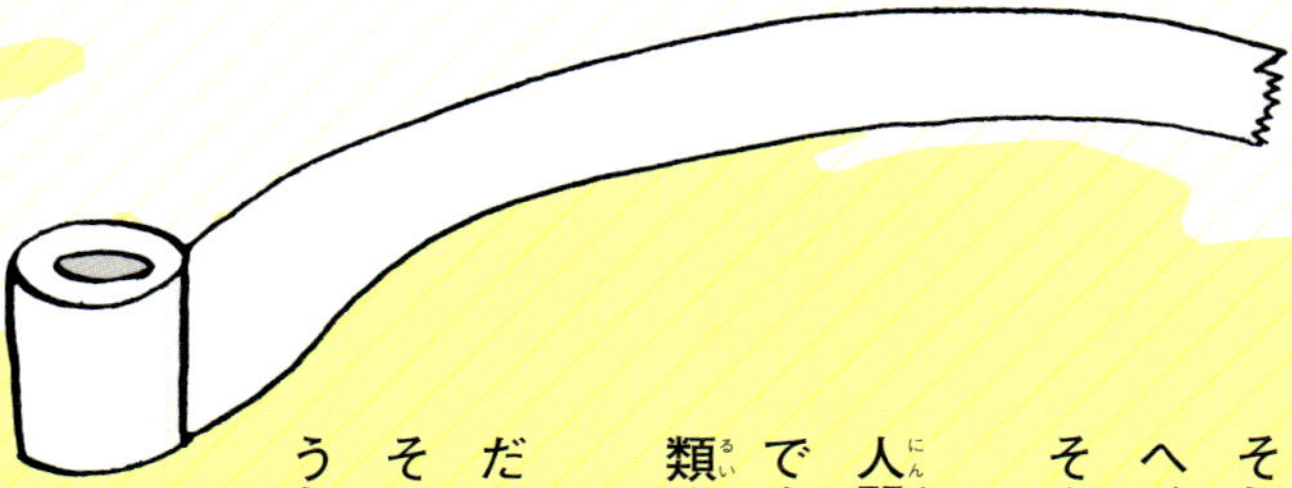

「こんなのアリエナイ！」「まっぴらごめん！」となるのも最《もっと》もですが、

それじゃあストレス大爆発《だいばくはつ》。

ヘイト、対立《たいりつ》、あげくに戦争《せんそう》。

そんなのどう考《かんが》えたって損《そん》じゃないですか。

人間《にんげん》は、意味不明《いみふめい》なもの、アリエナイものは大嫌《だいきら》い。

でもこの本《ほん》読《よ》めば、アリエナイにも理由《りゆう》があり、我《われ》ら人《じん》類《るい》みな兄弟《きょうだい》、ちゃんと理解《りかい》できるとわかります。

だからこんなにお得《とく》なこの本《ほん》を、読《よ》まないなんて、そんなのそれこそアリエナイ！　読《よ》まにゃ損々《そんそん》！　というわけなのです。

斗鬼正一《ときまさかず》

アリエナイ？は、その国《くに》を知《し》る最初《さいしょ》の一歩《いっぽ》

世界《せかい》にはとても多《おお》くの国《くに》があります。
暑《あつ》い国《くに》、寒《さむ》い国《くに》、広《ひろ》い国《くに》、狭《せま》い国《くに》、平和《へいわ》な国《くに》、戦争《せんそう》をしている国《くに》……。
そしてそこに住《す》んでいる人たちもさまざまで、その国《くに》の状況《じょうきょう》に合《あ》わせた暮《く》らしをしています。

もちろん、日本《にほん》とはちがった状況《じょうきょう》の国《くに》はたくさんあるので
そこでは日本《にほん》とはちがった暮《く》らしがくり広《ひろ》げられています。

ほかの国《くに》の暮《く》らしがあまりに日本《にほん》とはちがったとき、
おどろいてしまうと思《おも》います。
たとえば……

人前《ひとまえ》でオナラをしても恥《は》ずかしくない国《くに》があります。
虹《にじ》を2色《しょく》と考《かんが》える国《くに》があります。

どうですか？
私《わたし》たち日本人《にほんじん》からすると「アリエナイ！」と言《い》いたくなることでしょう。
でも、こうした暮《く》らしの裏側《うらがわ》には必《かなら》ずその国《くに》の状況《じょうきょう》があるのです。

だから「アリエナイ！」と思《おも》ったときは、その国《くに》のことを調《しら》べれば、なぜそうなっているのかがわかり「そうだったのか！」と思《おも》えます。
その国《くに》について少《すこ》し知《し》ることができるのです。

「アリエナイ！」はその国《くに》を知《し》る最初《さいしょ》の一歩《いっぽ》なのです。

そうだったのか！

国《くに》のことがわかれば その国《くに》の人《ひと》と 仲良《なかよ》くなれる！

今《いま》、日本《にほん》にはたくさんの外国人《がいこくじん》が住《す》んでいます。


コンビニやスーパーなどで働《はたら》く外国人《がいこくじん》の店員《てんいん》さんを見《み》たことがあるかもしれません。

学校《がっこう》の同級生《どうきゅうせい》にも日本《にほん》以外《いがい》の国《くに》の子《こ》がいるかもしれません。


お父《とう》さん、お母《かあ》さんが子《こ》どものころより、日本《にほん》に住《す》んでいる外国人《がいこくじん》は多《おお》くなっています。

また外国《がいこく》で働《はたら》く日本人《にほんじん》もとても増《ふ》えています。

この本《ほん》を読《よ》んでいる子《こ》の中《なか》にも外国《がいこく》で働《はたら》く子《こ》がいるかもしれません。

そうしたときに、その国《くに》のことを小《ちい》さいころから少《すこ》しでも知《し》っていれば、その国《くに》の人《ひと》と仲良《なかよ》くなるのも早《はや》いでしょう。
この本《ほん》はその手助《てだす》けをする本《ほん》です。

ただし、この本《ほん》で紹介《しょうかい》するのは、ほんの一部《いちぶ》の国《くに》だけで、世界《せかい》にはもっと多《おお》くの国《くに》があります。

もし、この本《ほん》を読《よ》んで「面白《おもしろ》い！」と思《おも》ったら、もっと多《おお》くの国《くに》について調《しら》べてみて「アリエナイ！」を「**そうだったのか！**」に変《か》えていきましょう。

ラブアンドピース
自分《じぶん》をかくさなくてヨシ！
Love

もくじ

1章《しょう》 アジア・オセアニア

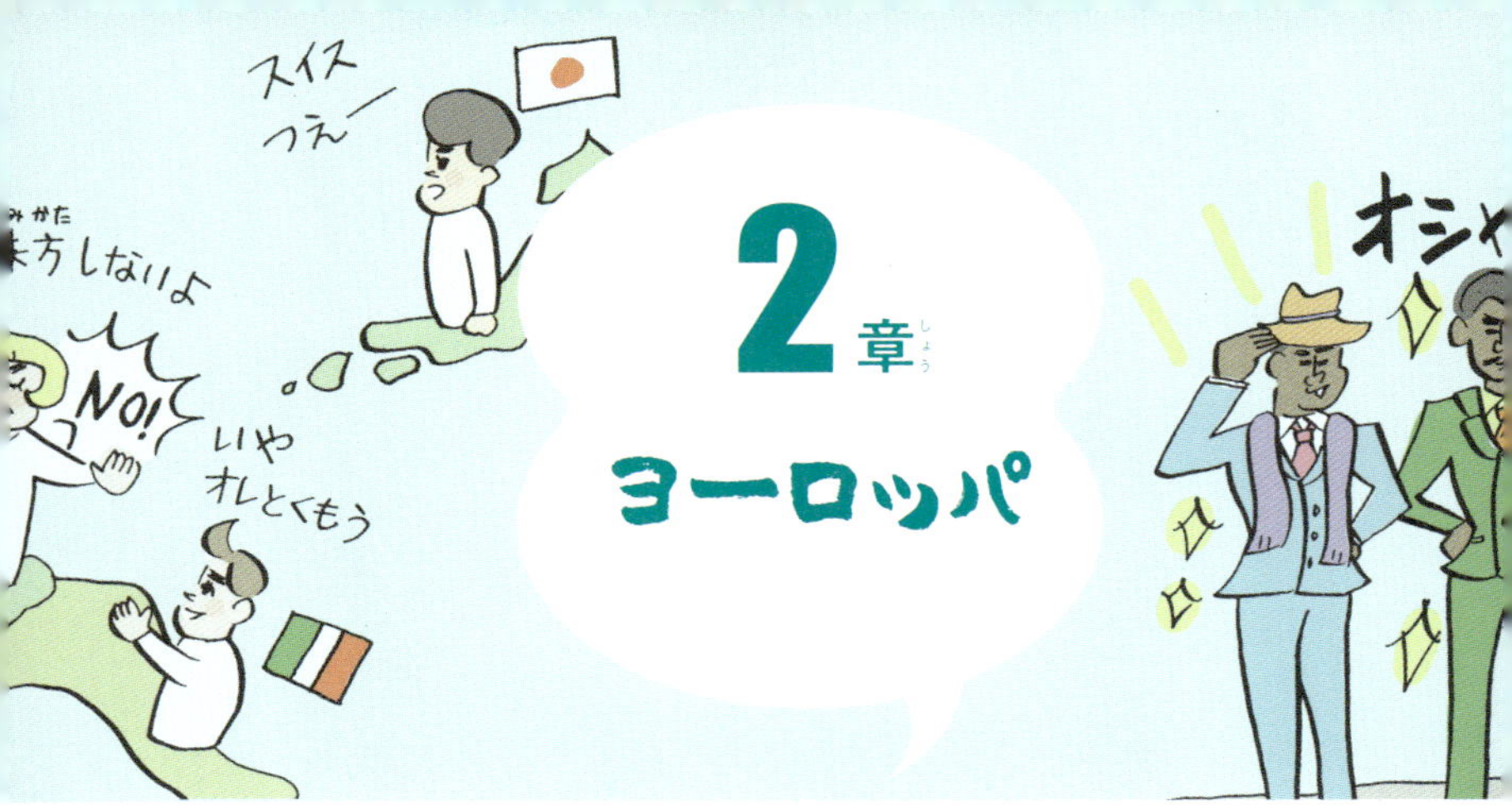
スイス つえー
方しないよ
NO!
いや オレとくもう

2章《しょう》 ヨーロッパ

3章《しょう》 南北《なんぼく》アメリカ

4章《しょう》 アフリカ

本書では外国の様々な文化を「アリエナイ！」文化として紹介しておりますが差別的な意図は含まれておりません。文化的背景・理由などを通して、その国を理解してもらうのが本書の目的です。

この本《ほん》の読《よ》み方《かた》

アリエナイ！

ページ

ある国《くに》についての「日本《にほん》から見《み》たらアリエナイところ」について説明《せつめい》しています。

アリエナイところ

その説明文《せつめいぶん》

紹介《しょうかい》する国《くに》の名前《なまえ》

正式《せいしき》な国名《こくめい》

首都《しゅと》

人口《じんこう》や位置《いち》などの情報《じょうほう》

そうだったのか！

ページ

前《まえ》のページで説明《せつめい》したアリエナイところが「なぜそうなっているのか？」について説明《せつめい》しています。

アリエナイところの理由《りゆう》

その説明文《せつめいぶん》

もっと知《し》っておきたい話《はなし》

1章《しょう》 アジア・オセアニア

アジア・オセアニアの地図《ちず》

モンゴル
中国《ちゅうごく》
韓国《かんこく》
日本《にほん》
ミャンマー
フィリピン
タイ
シンガポール
インドネシア
オーストラリア

ヨーロッパ
トルコ
イラン
インド
OIL
アフリカ大陸《たいりく》
赤道《せきどう》

中国《ちゅうごく》

ハゲがほめられ尊敬《そんけい》される！

長《なが》い歴史《れきし》の中《なか》、日本《にほん》と1000年以上《ねんいじょう》も付《つ》き合《あ》いがあるのが、おとなりの国《くに》の中国《ちゅうごく》です。ラーメンやぎょうざなどの中華料理《ちゅうかりょうり》は日本《にほん》でも当《あ》たり前《まえ》に食《た》べられていますし、身《み》の回《まわ》りには中国《ちゅうごく》の工場《こうじょう》で作《つく》られた品物《しなもの》があふれています。

これだけ文化的《ぶんかてき》につながりが深《ふか》いと、お互《たが》いの国《くに》のさまざまな考《かんが》えはわかっているような気《き》もしますが、ときおり、大《おお》

きくちがう常識《じょうしき》に驚《おどろ》かされることもあります。日本《にほん》では、男性用《だんせいよう》の髪《かみ》の毛《け》を増《ふ》やす薬《くすり》やカツラが人気《にんき》商品《しょうひん》です。これは年《とし》とともに髪《かみ》の毛《け》がうすくなってきた日本《にほん》の男性《だんせい》が、もっと若《わか》く見《み》られたいとねがっているからでしょう。

ところが中国《ちゅうごく》では、ハゲることをあまり恥《は》ずかしがらないのです。むしろ頭《あたま》がうすくなるのはカッコ悪《わる》いどころか、尊敬《そんけい》されるそうです。たしかに中国《ちゅうごく》の大昔《おおむかし》の王様《おうさま》や学者《がくしゃ》を描《か》いた絵《え》を思《おも》い出《だ》してみると、みんな頭《あたま》がハゲた人《ひと》ばかり。しかし、決《けっ》して若《わか》くは見《み》えない頭《あたま》のうすさが、尊敬《そんけい》されるのはなぜでしょうか？

DATA

国名《こくめい》　中華人民共和国《ちゅうかじんみんきょうわこく》

首都《しゅと》　北京《ぺきん》

人口《じんこう》　約《やく》13億《おく》9000万人《まんにん》

国旗《こっき》

位置《いち》

髪《かみ》の毛《け》がうすいことは頭《あたま》を使《つか》っているあかし！

中《ちゅう》国人《ごくじん》は、ハゲることはよく頭《あたま》を使《つか》った印《しるし》で、知恵《ちえ》を持《も》っている人《ひと》のあかしだと考《かんが》えます。江戸時代《えどじだい》にいた、人《ひと》の顔《かお》から運命《うんめい》を当《あ》てる有名《ゆうめい》な占《うらな》い師《し》・水野南北《みずのなんぼく》も、若《わか》いうちにハゲる人《ひと》は何《なん》でも上達《じょうたつ》して、運《うん》もよいと言《い》っています。大昔《おおむかし》の中国《ちゅうごく》の学者《がくしゃ》で、今《いま》でも教《おし》えが世界中《せかいじゅう》で学《まな》ばれている孔子《こうし》は、頭《あたま》がハゲ上《あ》がっています。ただし南北《なんぼく》は、孔子《こうし》のように頭《あたま》のてっぺんがへこんでいるのは、とても苦労《くろう》した人《ひと》の印《しるし》だともしています。孔《こう》

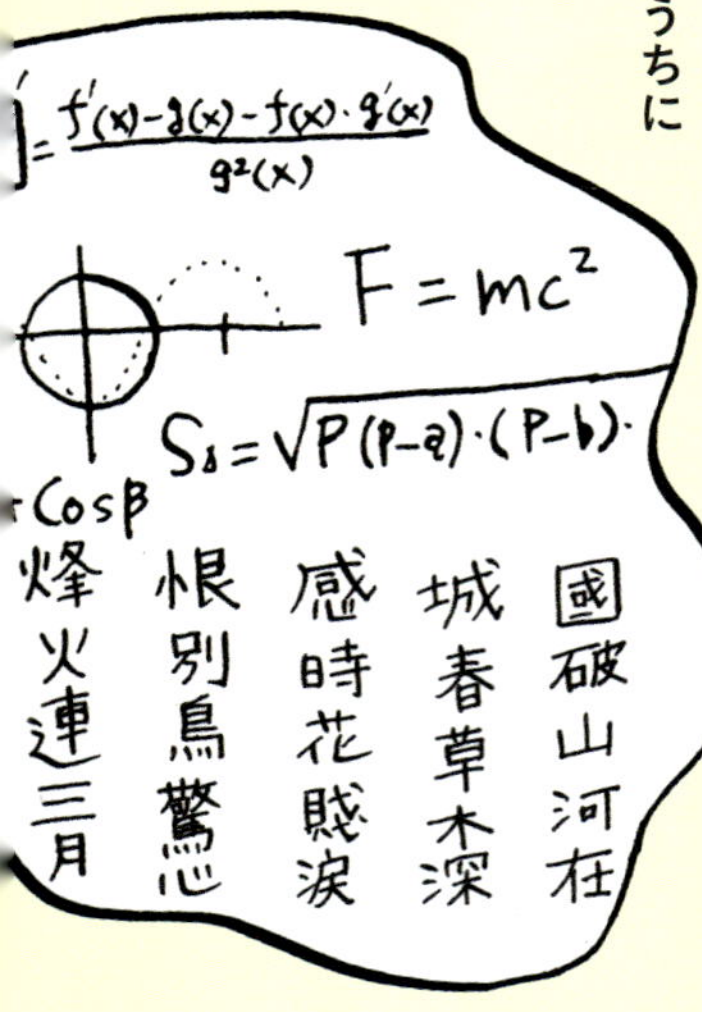
F = mc²
國破山河在
城春草木深
感時花濺涙
恨別鳥驚心
烽火連三月

そうだったのか！

子《し》は頭《あたま》を使《つか》ったうえ、苦労《くろう》したからハゲたのかもしれません。

ただ、現在《げんざい》の中国《ちゅうごく》ではハゲの人《ひと》の割合《わりあい》は少《すく》ないそうです。あるカツラメーカーが調《しら》べた世界《せかい》21カ国《こく》のうす毛《げ》ランキングでは、中国《ちゅうごく》は一番下《いちばんした》でした（日本《にほん》は14位《い》）。

この理由《りゆう》としては、発展《はってん》した国《くに》のほうが仕事《しごと》や人《ひと》との付《つ》き合《あ》いでイライラすることが多《おお》く、食事《しょくじ》の時間《じかん》も定《さだ》まっていないからだと考《かんが》えられています。すると、ここ10年《ねん》ほどで大発展《だいはってん》してきた中国《ちゅうごく》は、これからどんどんハゲが増《ふ》えていくのかもしれません。

もっと知《し》りたい 中国《ちゅうごく》

ヘアスタイルは、時代《じだい》や各国《かっこく》の文化《ぶんか》によって大《おお》きくちがいます。その中《なか》には、今見《いまみ》るとふしぎな形《かたち》のものもあります。べんぱつは、昔《むかし》、中国《ちゅうごく》にあった国《くに》「清《しん》」の男性《だんせい》のヘアスタイル。頭《あたま》の上《うえ》に少《すこ》し髪《かみ》の毛《け》を残《のこ》して三《み》つ編《あ》みにし、あとは全部《ぜんぶ》、そり上《あ》げます。しかし、これも新《あたら》しい国《くに》「中華民国《ちゅうかみんこく》」ができると法律《ほうりつ》で禁止《きんし》され、国《くに》の人《ひと》はみんな三《み》つ編《あ》みを切《き》り落《お》としてしまったのでした。

1650年代《ねんだい》に描《か》かれた清《しん》の芸人《げいにん》の絵《え》。

韓国《かんこく》

好《す》きになった人《ひと》にはまず名字《みょうじ》を確認《かくにん》！

日《に》本《ほん》のおとなりにある国《くに》、韓国《かんこく》。位置的《いちてき》に近《ちか》い場《ば》所《しょ》にあるため、昔《むかし》から日本《にほん》との交流《こうりゅう》が盛《さか》んです。キムチやチヂミなどの韓国料理《かんこくりょうり》のほか、韓国《かんこく》の映画《えいが》やドラマ、音楽《おんがく》なども日本《にほん》で人気《にんき》があり、旅行《りょこう》に行《い》く人《ひと》も増《ふ》えています。

そんな韓国《かんこく》のふしぎなところは、恋《れん》愛《あい》の前《まえ》にまず相手《あいて》の名字《みょうじ》を確認《かくにん》すること！　たとえば、道《みち》を歩《ある》いていて「い

いな」と思《おも》った人《ひと》がいたとします。その人《ひと》に声《こえ》をかけるとして、まず確認《かくにん》するのは下《した》の名前《なまえ》ではなく名字《みょうじ》なのです。恋愛《れんあい》したい男女《だんじょ》が集《あつ》まるパーティーなどでも同《おな》じです。名字《みょうじ》の確認《かくにん》をしないことには恋愛《れんあい》が始《はじ》まらないといっても言《い》いすぎではないのです。

ここまで名字《みょうじ》にこだわるのは、韓国人《かんこくじん》がとても礼儀正《れいぎただ》しい人《ひと》たちだからなのでしょうか？　仕事《しごと》などのきちんとした場合《ばあい》なら名字《みょうじ》を聞《き》くのもふつうですが、恋愛《れんあい》のような場合《ばあい》において、なぜ名字《みょうじ》にそこまでこだわるのでしょうか？

DATA

国名《こくめい》	大韓民国《だいかんみんこく》
首都《しゅと》	ソウル
人口《じんこう》	約《やく》5127万人《まんにん》
国旗《こっき》	
位置《いち》	

ねぇ お茶《ちゃ》しない？
おっと、その前《まえ》に
名字《みょうじ》おしえて！
えっ？

韓国《かんこく》

同《おな》じ名字《みょうじ》は家族同然《かぞくどうぜん》だから結婚《けっこん》ができない！

たとえば日本《にほん》では、「鈴木《すずき》さん」と「鈴木《すずき》さん」が結婚《けっこん》することには何《なん》の問題《もんだい》もありません。しかし韓国《かんこく》では、同《おな》じ名字《みょうじ》を持《も》つ人《ひと》は同《おな》じ一族《いちぞく》と見《み》なされ結《けっ》婚《こん》ができなくなってしまうのです。日本《にほん》でいうなら兄《あに》と妹《いもうと》が結婚《けっこん》するようなイメージでしょうか。これが韓国人《かんこくじん》が恋愛《れんあい》の場《ば》でまず名字《みょうじ》を確認《かくにん》する理由《りゆう》です。

より正確《せいかく》に言《い》うなら「同《おな》じ名字《みょうじ》であり、祖《そ》先《せん》の出身地《しゅっしんち》（本貫《ほんがん》）が同《おな》じである人《ひと》」同士《どうし》は結《けっ》

金《キム》さんねー
オレ李《リ》だから
OKじゃん！

なるほどね～

婚《こん》ができない法律《ほうりつ》があります。日本《にほん》では祖先《そせん》の出身《しゅっしん》地《ち》は知《し》らない人《ひと》がほとんどでしょうが、韓国《かんこく》ではすぐに調《しら》べることができ、みんな知《し》っています。日本《にほん》では名字《みょうじ》は約《やく》30万《まん》もあるといわれますが、韓国《かんこく》では270ほどしかありません。なので、同《おな》じ「キムさん」でも祖先《そせん》の出身地《しゅっしんち》をつけて「〇〇のキムさん」「××のキムさん」と区別《くべつ》します。

実際《じっさい》には、同《おな》じ一族《いちぞく》とはいっても、兄《あに》と妹《いもうと》ほど近《ちか》い血《ち》のつながりではありませんので、1999年《ねん》にこの法律《ほうりつ》はなくなりましたが、恋愛《れんあい》の場《ば》でまず相《あい》手《て》に名字《みょうじ》を聞《き》く習慣《しゅうかん》は、まだ残《のこ》っているそうです。

みょうじ
名字ちがっても
アンタなんてやーよ
スタスタ

もっと知《し》りたい 韓国《かんこく》

名字《みょうじ》、つまり一族《いちぞく》を大《だい》事《じ》にする文化《ぶんか》は中国《ちゅうごく》の孔子《こうし》という学者《がくしゃ》が始《はじ》めた儒教《じゅきょう》の影響《えいきょう》が大《おお》きいです。韓国《かんこく》にはほかにもその影響《えいきょう》があります。年上《としうえ》の親《した》しい人《ひと》は「お兄《にい》さん」「お姉《ねえ》さん」と呼《よ》びますが、これは実《じっ》際《さい》に自分《じぶん》の兄《あに》、姉《あね》に限《かぎ》らずそう呼《よ》ぶのです。また、お父《とう》さん、お母《かあ》さんに対《たい》して敬語《けいご》で話《はな》すことが多《おお》いです。これらは目上《めうえ》の人《ひと》を尊敬《そんけい》するということが大切《たいせつ》という儒教《じゅきょう》の教《おし》えなのです。

東京《とうきょう》の湯島聖堂《ゆしませいどう》にある孔子《こうし》の像《ぞう》。

モンゴル

自分《じぶん》の子《こ》どもに「ブサイク」と名《な》づける!!

世《せ》界《かい》の名前《なまえ》についての決《き》まりにはさまざまなものがあります。キリスト教《きょう》の聖人《せいじん》（えらい人《ひと》）にちなんだ名前《なまえ》をつける国《くに》や、おじいさん、お父《とう》さん、息子《むすこ》がみんな同じ名前《なまえ》という国《くに》もあります。日本《にほん》では「こういう子《こ》に育《そだ》ってほしい」というねがいをこめた漢字《かんじ》や音《おと》の響《ひび》きを重《じゅう》視《し》して、名前《なまえ》をつけることが多《おお》いようです。

ところがモンゴルでは子《こ》どもの名前《なまえ》に「ブサイク」という意味《いみ》の言葉《ことば》をつけることが珍《めずら》しくありません。「ブサイク」に限《かぎ》らず「名なし」「怪物《かいぶつ》」「虫《むし》」「悪《わる》い息子《むすこ》」「悪《わる》い犬《いぬ》」……など、日本人《にほんじん》が見《み》たら「アリエナイ！」と叫《さけ》びたくなるようなひどい名前《なまえ》をつけるのです。

もちろん全員《ぜんいん》がこのような名《な》前《まえ》をつけられるわけではありません。日本《にほん》でも大活躍《だいかつやく》した相撲《すもう》の横《よこ》綱《づな》・朝青龍《あさしょうりゅう》の名前《なまえ》は「ダグワドルジ」といいます。ダグワは宗教《しゅうきょう》の神様《かみさま》の名前《なまえ》、ドルジはモンゴル語《ご》で「強《つよ》い」という意味《いみ》のとてもよい名前《なまえ》です。では、なぜひどい名《な》前《まえ》をつけられる人《ひと》がいるのでしょうか？

DATA

国名《こくめい》	モンゴル国《こく》
首都《しゅと》	ウランバートル
人口《じんこう》	約《やく》 323 万人《まんにん》

国旗《こっき》

位置《いち》

モンゴル

悪魔《あくま》よけにあえて変《へん》な名前《なまえ》をつける！

モンゴルでは、赤《あか》ちゃんが死《し》んでしまうのは悪魔《あくま》が連《つ》れ去《さ》っていってしまうためと考《かんが》えられていました。そこでモンゴルの人《ひと》たちは、悪魔《あくま》から自分《じぶん》の子《こ》どもを守《まも》るため「この子《こ》はかわいくない」という意味《いみ》をこめて「ブサイク」などのひどい名前《なまえ》をつけることにしたのです。特《とく》に、赤《あか》ちゃんが死《し》んでしまったあとに生《う》まれた子《こ》どもにこのような名前《なまえ》をつけることが多《おお》いといわれています。日本人《にほんじん》にとっては「アリエナイ」こと

えっこの子
かわいくないのか…
じゃあいいか…
どこ見てるの？
そうだったのか⁉

ですが、実《じつ》は子《こ》どもが大《おお》きく健康《けんこう》に育《そだ》ってほしいというねがいがこめられた習慣《しゅうかん》だったのです。

モンゴルの人《ひと》の子《こ》どもに対《たい》する変《か》わった習慣《しゅうかん》はまだあります。モンゴルでは生《う》まれてからしばらく髪《かみ》の毛《け》を切《き》りません。男《おとこ》の子《こ》も女《おんな》の子《こ》もある時《とき》までは、見分《みわ》けがつかない長《なが》い髪《かみ》で、ある時《とき》から丸坊主《まるぼうず》になってしまうのです。髪《かみ》には悪《わる》いものがつくとされ、長《なが》く伸《の》ばして断髪式《だんぱつしき》というお祝《いわ》いのときに一気《いっき》に髪《かみ》を切《き》って追《お》い払《はら》うのです。

もっと知《し》りたい モンゴル

日本《にほん》で最《もっと》も名前《なまえ》の知《し》られたモンゴル人《じん》といえば、チンギス・ハーン。チンギスは「光《ひかり》の神《かみ》」、ハーンは「王《おう》」という意《い》味《み》で、わかりやすくいうなら「王《おう》の中《なか》の王《おう》」というような意味《いみ》になります。ただ、この名前《なまえ》は彼《かれ》が王《おう》になるに当《あ》たって占《うらな》い師《し》から与《あた》えられた名前《なまえ》で、子《こ》どものころは「テムジン」と呼《よ》ばれていました。

大帝国《だいていこく》をつくったチンギス・ハーン。

インドネシア

ネコのウンコからコーヒーを作《つく》る!!

コーヒーといえば、南《みなみ》アメリカにあるブラジルや、アフリカにあるケニアなどが有名《ゆうめい》ですが、実《じつ》はインドネシアもコーヒーを作《つく》っている国《くに》として有名《ゆうめい》です。昔《むかし》、インドネシアがオランダに支配《しはい》されていたころに、オランダにコーヒー豆《まめ》を送《おく》るため、インドネシアのジャワ島《とう》という島《しま》でコーヒーの生産《せいさん》が盛《さか》んになったのです。

あーー!
ジャコウネコがウンコしてる!
いそげ!!
それマジ!?

その中《なか》でも、「コピ・ルアク」というコーヒー豆《まめ》は、なんとジャコウネコというネコのウンコを利用《りよう》して作《つく》られます。ジャコウネコは、コーヒー農場《のうじょう》にあるコーヒーの実《み》が好《す》きで食《た》べに来《き》ますが、コーヒー豆《まめ》は消化《しょうか》されず、ウンコの中《なか》に混《ま》じっています。このウンコから豆《まめ》を取《と》り出《だ》してよく洗《あら》い、乾燥《かんそう》させて、コーヒー豆《まめ》として出荷《しゅっか》するのです。このコーヒーはほとんどインドネシアでしか生産《せいさん》されていません。ネコに食《た》べられたコーヒーはあきらめたり、ネコに取《と》られないようにしたりすればよいのに、インドネシアの人《ひと》たちはなぜこんなことをするのでしょうか……？

DATA

国名《こくめい》 インドネシア共和国《きょうわこく》

首都《しゅと》 ジャカルタ

人口《じんこう》 約《やく》2億《おく》5500万人《まんにん》

国旗《こっき》

位置《いち》

島民《とうみん》の苦肉《くにく》の策《さく》が今《いま》や高級品《こうきゅうひん》に！

なぜこんなコーヒーが生《う》まれたかというと、かつてインドネシアがオランダに支配《しはい》されていたことに関係《かんけい》がありました。オランダの命令《めいれい》でコーヒーを作《つく》っていたインドネシアの人々《ひとびと》でしたが、コーヒーは商品《しょうひん》なので自分《じぶん》たちでは飲《の》めません。どうしても飲《の》みたかった島民《とうみん》が、ある日《ひ》ジャコウネコのウンコの中《なか》に、コーヒー豆《まめ》が混《ま》ざっているのを見《み》つけ、それを洗《あら》って乾燥《かんそう》させコーヒーにしたところ、とてもおいしかったそうです。これが「コピ・ルアク」の始《はじ》まりといわれています。

ウンコから取《と》り出《だ》したコーヒー豆《まめ》と聞《き》くとなんだかくさそうに思《おも》い

ねえマスター
すごくいい香《かお》りね

なるほどね～

ますが、一度《いちど》ジャコウネコの体《からだ》を通《とお》ったコーヒー豆《まめ》には、ネコの体内《たいない》の特別《とくべつ》な菌《きん》が働《はたら》いて、逆《ぎゃく》に独特《どくとく》のいいにおいがするそうです。

さらに、このコーヒーは取《と》れるかどうかは野《や》生《せい》のネコ次第《しだい》なところがあるため、いつも取《と》れるものではなく、大量《たいりょう》に生産《せいさん》することもできません。そのため、アメリカやヨーロッパ、アジアで貴重《きちょう》なコーヒーとしてすごく人気《にんき》があり、値《ね》段《だん》もとても高《たか》い高級《こうきゅう》コーヒーなのです。

もっと知《し》りたい インドネシア

自然豊《しぜんゆた》かなインドネシアにはジャコウネコだけでなく、さまざまな珍《めずら》しい動物《どうぶつ》がいます。曲《ま》がったキバを持《も》つブタの仲《なか》間《ま》、バビルサや、1本《ぽん》しかツノを持《も》たないジャワサイ（サイの仲間《なかま》のツノはふつう2本《ほん》）。オランウータンもインドネシアとマレーシアにしかいません。ただ、こういった動物《どうぶつ》たちも森《もり》などのすみかを追《お》われ、絶滅《ぜつめつ》が近《ちか》づいています。

バビルサのキバは口《くち》を突《つ》きやぶって曲《ま》がっている。

タイ

性別《せいべつ》18個《こ》もある⁉

ふつう、性別《せいべつ》というといくつ思《おも》い浮《う》かぶでしょうか？ 多《おお》くの人《ひと》は男《おとこ》と女《おんな》の2つでしょう。しかし、近《ちか》ごろ日本《にほん》でもLGBTと呼《よ》ばれる人《ひと》たちの存在《そんざい》が世《よ》の中《なか》に知《し》られてきています。

同《おな》じ性《せい》の人《ひと》を好《す》きになる人《ひと》や、体《からだ》と心《こころ》の性別《せいべつ》が同《おな》じでない人《ひと》など、今《いま》や性別《せいべつ》は2つとはいえなくなっています。

いっぽう、タイではなんとこういった区別《くべつ》が18もあり、もちろんひとつひとつちがっています。たとえば、LG

BTのLにあたる「レズビアン」は日本《にほん》でも知《し》られていますが、「女《おんな》の人《ひと》を好《す》きな女性《じょせい》」のことです。またGである「ゲイ」は「男《おとこ》の人《ひと》を好《す》きな男性《だんせい》」のことです。

タイにはこのほかに、男《おとこ》っぽいレズビアンである「トム」、男性《だんせい》が好《す》きな男《おとこ》っぽいゲイ「ゲイキング」、女《おんな》っぽいゲイ「ゲイクイーン」、女性《じょせい》・ゲイキング・ゲイクイーンが好《す》きな男性《だんせい》「ボート」など、好《す》きな相手《あいて》と自分《じぶん》の体《からだ》・心《こころ》の性《せい》によって細《こま》かく分《わ》かれています。なぜここまで細《こま》かく分《わ》かれているのでしょうか？

DATA

国名《こくめい》	タイ王国《おうこく》
首都《しゅと》	バンコク
人口《じんこう》	約《やく》6891万人《まんにん》

国旗《こっき》

位置《いち》

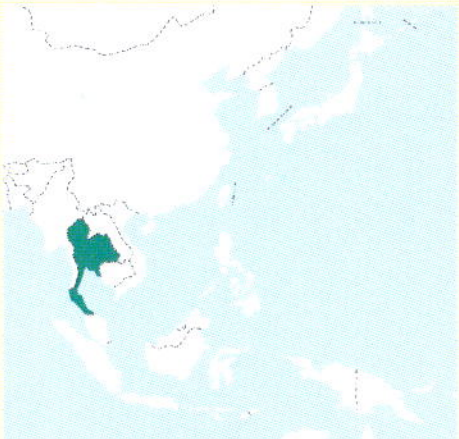

バイ
女《おんな》
男《おとこ》
レズビアン
サムヤーン
ディー
ぞろぞろぞろ・・・

タイ

いい意味《いみ》で「テキトー」な人《ひと》たち

日《に》本《ほん》は、周《まわ》りの人《ひと》たちとちがったり、目立《めだ》ったりするとすぐに注目《ちゅうもく》されて、何《なに》かを言《い》われやすい国《くに》です。日本《にほん》のような世《よ》の中《なか》では、同《おな》じ性《せい》の人《ひと》を好《す》きな人《ひと》や、体《からだ》と心《こころ》の性《せい》がちがう人《ひと》たちは、注目《ちゅうもく》されることをおそれて自分《じぶん》の性別《せいべつ》をオープンにすることがなかなかできないでいました。

いっぽう、タイの人《ひと》たちには、いい意味《いみ》でほかの人《ひと》を気《き》にしない大《おお》らかさがあります。たとえば、約《やく》

束《そく》や時間《じかん》などもあまりきっちりとは守《まも》りませんし、お店《みせ》の店員《てんいん》さんも日本《にほん》に比《くら》べると適当《てきとう》に接《せっ》してきます。

また、タイでは「マイペンライ（問題《もんだい》ない、大丈夫《だいじょうぶ》）」という言葉《ことば》をよく聞《き》きます。「細《こま》かいことは気《き》にせずにやろうぜ」というのがタイの人《ひと》たちのノリなのです。

こうした空気《くうき》の中《なか》では人《ひと》とちがう性別《せいべつ》であっても、周《まわ》りの人《ひと》も特《とく》に注目《ちゅうもく》したりしません。だからタイでは自分《じぶん》の性別《せいべつ》をオープンにして、どんな性別《せいべつ》であってもみんなで仲良《なかよ》くできるのです。

もっと知《し》りたい タイ

いろいろな性別《せいべつ》があるタイの一部《いちぶ》の学校《がっこう》では、どんな性別《せいべつ》の人《ひと》でも入《はい》れるトイレがあります。このようなトイレでは、体《からだ》と心《こころ》の性別《せいべつ》が同《おな》じでない生徒《せいと》がどっちに入《はい》るか迷《まよ》うことがないような表示《ひょうじ》になっています。性別《せいべつ》が細《こま》かく分《わ》かれているだけでなく、どんな性別《せいべつ》の人《ひと》でも困《こま》らないように国《くに》が考《かんが》えているのです。

道《みち》にツバをはいたらばっ金《きん》8万《まん》円《えん》⁉

東《とう》 南《なん》アジアの中《なか》でもひときわ小《ちい》さな国《くに》・シンガポールは、東京《とうきょう》23区《く》と同《おな》じくらいの広《ひろ》さしかありません。しかし、街《まち》がとても清《せい》潔《けつ》で旅行先《りょこうさき》としては大変《たいへん》な人気《にんき》です。

とはいえ、その街《まち》のきれいさを保《たも》つため、シンガポールはとてもルールのきびしい国《くに》です。たとえば、道《みち》にツバをはくと最大《さいだい》で8万円《まんえん》も払《はら》わなければいけませ

ん。日本《にほん》でも見《み》られていたら注意《ちゅうい》はされるでしょうが、お金《かね》まで取《と》られることはありません。

また、ガムは作《つく》ることはもちろん、海外《かいがい》から持《も》ちこむのも禁止《きんし》されています。ガムをかんでその辺《へん》に捨《す》てる人《ひと》が出《で》ないよう、ガムそのものを禁止《きんし》しているのです。

ほかにも、トイレを使《つか》って流《なが》さない、夜《よる》の10時半《じはん》から朝《あさ》の7時《じ》の間《あいだ》にお酒《さけ》を飲《の》む、タバコ禁止《きんし》のところでタバコを吸《す》う、野生《やせい》の鳥《とり》にエサをやるなども禁止《きんし》されており、もし破《やぶ》った場合《ばあい》はやはりばっ金《きん》を取《と》られます。なぜここまできびしくする必要《ひつよう》があるのでしょうか？

DATA

国名《こくめい》 シンガポール共和国《きょうわこく》

首都《しゅと》 シンガポール

人口《じんこう》 約《やく》564万人《まんにん》

国旗《こっき》

位置《いち》

シンガポール

いろんな民族《みんぞく》が住《す》むからきびしいルールが必要《ひつよう》

日《に》本《ほん》でも最近《さいきん》ではコンビニなどで働《はたら》く外国人《がいこくじん》をよく見《み》るようになりましたが、日本《にほん》に住《す》む外国人《がいこくじん》は日本《にほん》の全人口《ぜんじんこう》からすると約《やく》2％しかいません。

シンガポールはちがいます。シンガポールにはいろいろな民族《みんぞく》が住《す》んでいます。中国系《ちゅうごくけい》の人《ひと》を中心《ちゅうしん》に、東南《とうなん》アジア系《けい》の人《ひと》やインド系《けい》の人《ひと》たちなど……。もちろん宗教《しゅうきょう》もちがえば、生活《せいかつ》や文化《ぶんか》もちがいます。いろいろな人《ひと》たちが好《す》き勝手《かって》に自分《じぶん》のルールで暮《く》ら

してよい、となったらおそらく街《まち》はぐちゃぐちゃになってしまうでしょう。

実際《じっさい》に、シンガポールと同様《どうよう》に、いろいろな民族《みんぞく》が暮《く》らしている国《くに》は世界中《せかいじゅう》にたくさんあります。しかし、それらの国《くに》はシンガポールの街《まち》並《な》みほどきれいではなく、治安《ちあん》も悪《わる》くなりやすいのです。シンガポールの政府《せいふ》は、いろいろな人《ひと》が住《す》んでいても、街《まち》が清潔《せいけつ》で治安《ちあん》が守《まも》られるように、ここまできびしいルールを作《つく》っているのです。

もっと知《し》りたい
シンガポール

シンガポールはなぜこんなにいろいろな民族《みんぞく》が集《あつ》まるのでしょうか。それは、昔《むかし》やせて作物《さくもつ》も育《そだ》たなかったこの地《ち》を、ラッフルズというイギリス人《じん》が港《みなと》に最適《さいてき》と考《かんが》え、どんな民族《みんぞく》の人《ひと》も自由《じゆう》に貿易《ぼうえき》できる港《みなと》の都市《とし》を建設《けんせつ》したという歴史《れきし》があるからです。今《いま》でもラッフルズは建国《けんこく》の父《ちち》として尊敬《そんけい》され、有名《ゆうめい》ホテルの名前《なまえ》にも使《つか》われています。

ラッフルズが上陸《じょうりく》したところには記念《きねん》の像《ぞう》も建《た》てられている。

フィリピン

貯金《ちょきん》は絶対《ぜったい》にしない！

イザという時《とき》に備《そな》えて、お金《かね》をためたり、物《もの》をしまったりしておくのは、これまでさまざまな災害《さいがい》を乗《の》り越《こ》えてきた日本人《にほんじん》ならではの考《かんが》えかもしれません。アジアの東南《とうなん》にあるフィリピンでは、働《はたら》いている人《ひと》の給料日《きゅうりょうび》が2回《かい》ありますが、これはフィリピン人《じん》が2倍《ばい》もお金《かね》を稼《かせ》いでいるからではありません。フィリピン

では給料《きゅうりょう》はためずに、全部《ぜんぶ》使《つか》い切《き》ってしまうのがふつうなのです。だから、お金《かね》がなくなって大変《たいへん》なことになってしまわないように、会社《かいしゃ》が給料《きゅうりょう》を2回《かい》に分《わ》けて払《はら》ってくれるのです。急《きゅう》にお金《かね》が入《はい》っても、欲《ほ》しいものを買《か》ってしまったり、おいしいものを食《た》べたりしてしまって、あっという間《ま》に使《つか》ってしまいます。銀行《ぎんこう》で貯《ちょ》金《きん》をしている人《ひと》は、日本《にほん》では約《やく》98%もいますが、フィリピンではたったの30%しかいないそうです。

でも、お金《かね》なくなってもフィリピン人《じん》はあせりません。誰《だれ》かに借《か》りればよいからです。困《こま》るのは返《かえ》すお金《かね》を稼《かせ》いでも、また使《つか》ってしまうことです。

DATA

国名《こくめい》	フィリピン共和国《きょうわこく》
首都《しゅと》	マニラ
人口《じんこう》	約《やく》1億《おく》98万人《まんにん》

国旗《こっき》

位置《いち》

お金《かね》だいじょうぶ?
なーに すぐ次《つぎ》の 給《きゅう》りょう日《び》だ
ガシッ

「明日《あした》のことは考《かんが》えない！」がモットー

お金《かね》を使《つか》い切《き》り、借《か》りたお金《かね》は返《かえ》せないフィリピン人《じん》は、いいかげんな人《ひと》たちなのでしょうか。それは大《おお》きな誤解《ごかい》です。フィリピン人《じん》はキリスト教《きょう》を強《つよ》く信《しん》じていますが、その教《おし》えの中《なか》には「明日《あした》のことを案《あん》じてはならない」というものもあります。ですからフィリピン人《じん》は、小《ちい》さなことにクヨクヨせずに人《じん》生《せい》を楽《たの》しみ、一生《いっしょう》けん命《めい》に生《い》きる人《ひと》たちなの

ある意味《いみ》すごいけど
服《ふく》まで売《う》らなくても

そうだったのか！

です。

キリスト教《きょう》には「隣人《りんじん》を助《たす》けよう」との教《おし》えもあるので、困《こま》ったら助《たす》け合《あ》います。大家族《だいかぞく》が多《おお》いフィリピンでは、弟《おとうと》や妹《いもうと》の学費《がくひ》のために働《はたら》く、お兄《にい》さんお姉《ねえ》さんも多《おお》いです。

それでもフィリピン人《じん》はいつもニコニコしています。アメリカの調査《ちょうさ》会社《がいしゃ》が調《しら》べた「世界幸福度《せかいこうふくど》ランキング」では、フィリピンは世界《せかい》で3番《ばん》目《め》に「幸《しあわ》せな国《くに》」という結果《けっか》が出《で》ました。「お金《かね》はないけど幸《しあわ》せ」「家族《かぞく》がいるから幸《しあわ》せ」なのがフィリピン人《じん》のモットーなのです。

もっと知《し》りたい

フィリピン

フィリピン人《じん》は大《おお》らかな性格《せいかく》なので細《こま》かいことを気《き》にしません。レストランで食事《しょくじ》をしても残《のこ》ったら何《なん》でもテイクアウトします。スープやデザート、アイスクリームも透明《とうめい》なビニール袋《ぶくろ》に入《い》れて持《も》ち帰《かえ》ります。グチャッとなっても気《き》にしません。ところが最近《さいきん》では、ビニール袋《ぶくろ》が下水《げすい》をつまらせ、台風《たいふう》の被害《ひがい》を大《おお》きくしていることがわかり、使用《しよう》を制限《せいげん》する決《き》まりができました。

インド

ケガ人《にん》、死人《しにん》が続出《ぞくしゅつ》！ハイレベルな満員電車《まんいんでんしゃ》！

日《に》本《ほん》ではカレーや仏教《ぶっきょう》が生《う》まれた国《くに》でおなじみのインド。最近《さいきん》では、IT（パソコン関係《かんけい》の仕事《しごと》）の分野《ぶんや》でたくさんの会社《かいしゃ》と優秀《ゆうしゅう》なサラリーマンがとても増《ふ》えて、いま最《もっと》も勢《いきお》いとパワーのある国《くに》です。

とはいえそのサラリーマンたちが毎朝《まいあさ》乗《の》る電車《でんしゃ》はすさまじいものがあります。日本《にほん》の満《まん》員電車《いんでんしゃ》もかなりギュウギュウづめですが、ド

ビューン
まんいん電車《でんしゃ》のレベルじゃないって
それマジ!?

アが閉《し》まるまでは発車《はっしゃ》しません。

しかし、インドの満員電車《まんいんでんしゃ》はドアも窓《まど》も開《あ》けっぱなしで走《はし》るのです。当然《とうぜん》、ドアや窓《まど》から人《ひと》があふれた状態《じょうたい》で電車《でんしゃ》が走《はし》ることになりますが、そこから落《お》ちてケガをしようが死《し》のうがその人《ひと》の責任《せきにん》。実際《じっさい》に大《おお》きな都市《とし》ムンバイでは、こういった電車《でんしゃ》による事故《じこ》で死《し》んだ人《ひと》が4カ月《げつ》で1000人《にん》以上《いじょう》もいるといいます。ホームでないところでも降《お》りてしまうのも、死者《ししゃ》やケガ人《にん》の多《おお》さの原因《げんいん》でしょう。

こんなハイレベルな満員電車《まんいんでんしゃ》に乗《の》っていてインド人《じん》は平気《へいき》なのでしょうか？

DATA

国名《こくめい》	インド
首都《しゅと》	ニューデリー
人口《じんこう》	13億《おく》3400万人《まんにん》

国旗《こっき》

位置《いち》

インド

人《ひと》が多《おお》すぎるから「自分《じぶん》の空間《くうかん》」が小《ちい》さい！

インドには14億《おく》近《ちか》い人《ひと》が住《す》んでおり、人口世界一《じんこうせかいいち》を中《ちゅう》国《ごく》とあらそうほどの国《くに》です。日本《にほん》の10倍以上《ばいいじょう》も人口《じんこう》が多《おお》いので、国民《こくみん》も生《う》まれたときからそんな暮《く》らしに慣《な》れています。混雑《こんざつ》した中《なか》で暮《く》らすということは、人《ひと》と人《ひと》のきょりが近《ちか》く、「自分《じぶん》の空間《くうかん》」が小《ちい》さくなります。

それゆえ、ここまでハイレベルな満員電車《まんいんでんしゃ》も大丈夫《だいじょうぶ》なのですが、実際《じっさい》のきょりと同様《どうよう》、心《こころ》のきょりも近《ちか》くなっています。電車《でんしゃ》の中《なか》でとなりにいる人《ひと》の新聞《しんぶん》をさっと取《と》って

オマエのものは
オレのものってか
なるほどね〜

「ちょっと読《よ》ませて」なんていうのはよくあることです。取《と》られたほうもべつに嫌《いや》な顔《かお》はしません。日本《にほん》でそんなことをしたら、「失礼《しつれい》な人《ひと》だな」と思《おも》われ、怒《おこ》られてしまうことでしょう。

よくいえばフレンドリー、悪《わる》くいえばなれなれしいのがインド人《じん》の特《とく》ちょうなのです。中国《ちゅうごく》もきょり感《かん》が近《ちか》く、行列《ぎょうれつ》では前《まえ》の人《ひと》にぴったりくっついて並《なら》ぶそうですが、人口《じんこう》が多《おお》く、人《ひと》と人《ひと》のきょりが近《ちか》いということは、人間《にんげん》の心《こころ》や行動《こうどう》にも大《おお》きく関《かか》わってくるのです。

もっと知《し》りたい インド

インドは算数《さんすう》の授業《じゅぎょう》に特《とく》ちょうがあります。インド人《じん》はかけ算《ざん》の九九《くく》を最低《さいてい》でも20の段《だん》までおぼえているのです。地《ち》域《いき》によっては99の段《だん》までおぼえるところもあるようです。数字《すうじ》の「0」を発見《はっけん》したのもインド人《じん》といわれており、インド人《じん》には昔《むかし》から数字《すうじ》に対《たい》するセンスがあるようです。それゆえＩＴの分野《ぶんや》で優秀《ゆうしゅう》な人《ひと》が増《ふ》えているのかもしれません。

ミャンマー

結婚《けっこん》、仕事《しごと》、何《なん》でも占《うらな》いをたよりにする！

タイのおとなりにある国《くに》、ミャンマーは昔《むかし》「ビルマ」と呼《よ》ばれていました。「ビルマのたてごと」というお話《はなし》が有名《ゆうめい》なので、名前《なまえ》を聞《き》いたことがあるかもしれません。さまざまな民族《みんぞく》が暮《く》らしていますが、ほとんどの人《ひと》が仏教徒《ぶっきょうと》です。しかし、多《おお》くの人《ひと》が信《しん》じているものは仏教《ぶっきょう》以外《いがい》にもあります。それは占《うらな》いです。

ミャンマーの占《うらな》いは、八曜日占《はちようびうらな》いというもの

です。これは自分《じぶん》の生《う》まれた曜日《ようび》で性格《せいかく》や運勢《うんせい》がわかるもので、日本《にほん》でいう誕生日占《たんじょうびうらな》いに近《ちか》いものです。ミャンマーでも月《げつ》から日《にち》までの曜日《ようび》がありますが、水曜《すいよう》だけ午前《ごぜん》と午後《ごご》に分《わ》けられ全部《ぜんぶ》で8つに分《わ》かれているのです。曜日《ようび》それぞれに方角《ほうがく》と動物《どうぶつ》があり、たとえば月曜生《げつようう》まれは東《ひがし》、トラといった具合《ぐあい》です。

学校《がっこう》や仕事《しごと》、そして結婚相手《けっこんあいて》までもこの曜日《ようび》が重要《じゅうよう》になってきます。それぞれの曜日《ようび》に相性《あいしょう》があるので、たとえば火曜《かよう》と水曜午後《すいようごご》は相性《あいしょう》が最悪《さいあく》なので、付《つ》き合《あ》うのをやめにしようという具合《ぐあい》です。なぜこの占《うらな》いがここまでミャンマー人《じん》にとって重要《じゅうよう》なのでしょうか？

DATA

国名《こくめい》 ミャンマー連邦共和国《れんぽうきょうわこく》

首都《しゅと》 ネーピードー

人口《じんこう》 約《やく》5141万人《まんにん》

国旗《こっき》

位置《いち》

歴史《れきし》ある占《うらな》いは伝統《でんとう》を大事《だいじ》にする心《こころ》の表《あらわ》れ！

ミャンマーのこの占《うらな》いは、昔《むかし》の占星術《せんせいじゅつ》（太陽《たいよう》、星《ほし》、月《つき》などの動《うご》きによる占《うらな》い）がもとになったもので、ビルマ暦《れき》という曜日《ようび》制《せい》が使《つか》われています。これは638年《ねん》から使《つか》われていたそうで、ミャンマーの人《ひと》たちにとっては1000年《ねん》以上《いじょう》も親《した》しんだ重要《じゅうよう》なものなのです。

そのしょうこに、ミャンマーの仏教《ぶっきょう》の建物《たてもの》の中《なか》には、この八曜日《はちようび》の動物《どうぶつ》の像《ぞう》が置《お》かれており、もちろん、ミャンマー人《じん》は自分《じぶん》の曜日《ようび》の像《ぞう》をおがみます。

また、名前《なまえ》にもこの八曜日占《はちようびうらな》いが重要《じゅうよう》な役割《やくわり》を持《も》っています。ミャンマーの人《ひと》は生《う》まれた曜日《ようび》にちなんだ文字《もじ》を名前《なまえ》に使《つか》うことが多《おお》いため、多《おお》くの人《ひと》は名前《なまえ》を聞《き》いただけですぐに何曜日《なにようび》生《う》まれかわかるそうです。たとえばミャンマーの政治家《せいじか》で「アウンサンスーチー」さんという人《ひと》がいますが、この人《ひと》は「ス」がつくので火曜日《かようび》生《う》まれ、といった具合《ぐあい》です。

歴史《れきし》ある占《うらな》いが人々《ひとびと》の暮《く》らしにここまで関係《かんけい》しているのは、伝統《でんとう》や歴史《れきし》を大切《たいせつ》にする心《こころ》を表《あらわ》しているのでしょう。

もっと知《し》りたい
ミャンマー

アウンサンスーチーさんのお父《とう》さんは、アウンサンという人《ひと》で、当時《とうじ》イギリスに支配《しはい》されていたミャンマー（当時《とうじ》はビルマ）を独立《どくりつ》させました。しかし、その後《ご》暗殺《あんさつ》され、国《くに》は軍人《ぐんじん》たちに支配《しはい》されてしまいます。娘《むすめ》のアウンサンスーチーさんも、長《なが》いこと捕《つか》まっていましたが、解放《かいほう》されたあとには軍人《ぐんじん》の支配《しはい》をやめさせ、国民《こくみん》に権利《けんり》を戻《もど》しました。その行動《こうどう》によりノーベル平和賞《へいわしょう》も受賞《じゅしょう》しています。

第二次世界大戦《だいにじせかいたいせん》では日本《にほん》と一緒《いっしょ》にイギリスと戦《たたか》ったアウンサン将軍《しょうぐん》。

イラン

他人《たにん》の子《こ》どもにキスをしまくる!!

イランはイスラム教徒《きょうと》の国《くに》です。仏教徒《ぶっきょうと》の多《おお》い日本《にほん》やキリスト教徒《きょうと》の多《おお》いアメリカなどとは大《おお》きくちがい、国《くに》の中《なか》のいろいろなことは何《なに》よりもイスラム教《きょう》の教《おし》えにしたがって決《き》められます。

そしてそんなイランの人《ひと》たちは、大変子《たいへんこ》ども好《ず》きといわれています。どれぐらい子《こ》どもが好《す》きかというと、イランの大人《おとな》たちは、自《じ》

分《ぶん》の子《こ》どもだけではなく、他人《たにん》の子《こ》どもにもやたらとキスをしまくるのです。日本《にほん》では、よその子《こ》どもがかわいいからといって、知《し》らない大人《おとな》が勝手《かって》に頭《あたま》をなでたりキスしたりスマートフォンで写真《しゃしん》を撮《と》ったりすれば、大《おお》きなトラブルになるかもしれませんが、イランではそれが当《あ》たり前《まえ》のことなのです。

それだけではなく、子《こ》どもが道路《どうろ》で遊《あそ》んでいて車《くるま》が通《とお》れず渋滞《じゅうたい》になったり、電車《でんしゃ》や飛行機《ひこうき》の中《なか》で子《こ》どもが大《おお》きな声《こえ》で泣《な》いていたりしても、誰《だれ》も嫌《いや》な顔《かお》をしません。日本人《にほんじん》から見《み》ると、信《しん》じられないくらい子《こ》どもにやさしい、というよりも甘《あま》すぎる国《くに》に見《み》えるかもしれません。

DATA

国名《こくめい》 イラン・イスラム共和国《きょうわこく》

首都《しゅと》 テヘラン

人口《じんこう》 約《やく》8000万人《まんにん》

国旗《こっき》

位置《いち》

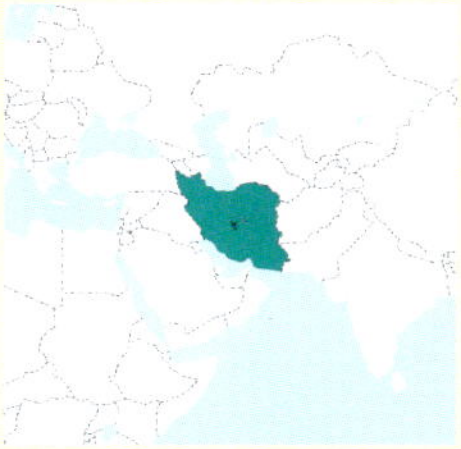

イラン

親《おや》だけじゃない！みんなで子《こ》どもを見守《みまも》る！

イランの人《ひと》たちはどうしてそんなに子《こ》どもにやさしくするのでしょうか。

それは、イランでは子《こ》どもを育《そだ》てるということが親《おや》だけの仕事《しごと》ではなく、世《よ》の中全体《なかぜんたい》の役割《やくわり》だという考《かんが》え方《かた》が根《ね》づいているから、ということになるようです。親《おや》だけではなく近所《きんじょ》の人《ひと》たちも、それだけではなくほかの知《し》らない大人《おとな》たちも、みんなで子《こ》どもを見守《みまも》る、という考《かんが》え方《かた》が当《あ》たり前《まえ》になっているのです。

まもるよ
おなかすいてないかいって、
おいしそう！

なるほどね～

もともとそういう考《かんが》え方《かた》はイランだけではなく、昔《むかし》の日本《にほん》でもふつうにあったものでしたが、日本《にほん》では長《なが》い間《あいだ》に近所《きんじょ》の人《ひと》たちとの付《つ》き合《あ》い方《かた》がずいぶん変《か》わってしまい、犯罪《はんざい》に用心《ようじん》するためもあって、子《こ》どもが知《し》らない大人《おとな》と話《はな》すことはあまりなくなってきていますし、大人《おとな》もよその子《こ》どもにいきなり声《こえ》をかけたりなでたりなどということはしなくなっています。しかしイランには、日本《にほん》の人《ひと》たちがなくしてしまったものが今《いま》でもあるようです。

イランの子育《こそだ》て、今《いま》の日本《にほん》のお手本《てほん》になるところはおおいにありそうです。

もっと知《し》りたい
イラン

イランは昔《むかし》、ペルシア帝国《ていこく》と呼《よ》ばれており、とても強《つよ》い国《くに》で文化的《ぶんかてき》にも栄《さか》えていました。ペルシア帝国《ていこく》では美《うつく》しくカラフルな手織《てお》りのじゅうたんが織《お》られていました。その伝統的《でんとうてき》なじゅうたんは今《いま》でも織《お》られ、世界中《せかいじゅう》で人気《にんき》があります。イランがほかの国《くに》に売《う》る品物《しなもの》としては石油《せきゆ》が有名《めい》ですが、ペルシアじゅうたんも非常《ひじょう》に重要《じゅうよう》な売《う》り物《もの》となっています。

さまざまな色《いろ》や模様《もよう》があるペルシアじゅうたん。

世界中《せかいじゅう》から子《こ》どもが集《あつ》まる「子《こ》どもの日《ひ》」!?

トルコは、アジアでも西《にし》の方《ほう》にあり、イランやアラブなどの国《くに》に近《ちか》いです。また、ヨーロッパやアフリカにも近《ちか》く、昔《むかし》からさまざまな文化《ぶんか》が混《ま》ざり合《あ》う土地《とち》でした。日本《にほん》ではそこまでなじみがないかもしれませんが、世界三大料理《せかいさんだいりょうり》にも数《かぞ》えられるほど食《た》べ物《もの》もおいしい国《くに》です。

そんないろいろな国《くに》の文化《ぶんか》が集《あつ》まる場所《ばしょ》なのですが、現代《げんだい》でも世界中《せかいじゅう》の人《ひと》が集《あつ》まる日《ひ》があります。

それはトルコの「子《こ》どもの日《ひ》」。日本《にほん》では子《こ》どもの日《ひ》といえば5月《がつ》5日《か》で、こいのぼりやよろいカブトの人形《にんぎょう》をかざったりします。

いっぽうトルコの子《こ》どもの日《ひ》は4月《がつ》23日《にち》です。この日《ひ》はトルコの伝統的《でんとうてき》な真《ま》っ赤《か》な服《ふく》を着《き》た子《こ》どもたちが、トルコの国旗《こっき》を振《ふ》りながら、歌《うた》と音楽《おんがく》に合《あ》わせてパレードをします。そこに、世界各国《せかいかっこく》から招待《しょうたい》された子《こ》どもたちも一緒《いっしょ》に参《さん》加《か》し楽《たの》しむのです。

日本《にほん》では、「子《こ》どもの日《ひ》」は国《くに》をあげてお祭《まつ》りになるようなものではありません。なぜトルコだけこのような楽《たの》しい子《こ》どもの日《ひ》があるのでしょうか?

DATA

国名《こくめい》 トルコ共和国《きょうわこく》

首都《しゅと》 アンカラ

人口《じんこう》 約《やく》8200万人《まんにん》

国旗《こっき》

位置《いち》

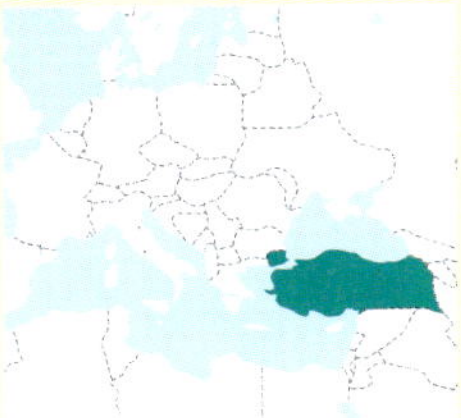

初代大統《しょだいだいとう》りょうによる世界初《せかいはつ》の「子《こ》どもの日《ひ》」！

実《じつ》は、トルコは、世界《せかい》で最初《さいしょ》に「子《こ》どもの日《ひ》」ができた国《くに》なのです。4月《がつ》23日《にち》はもともと、トルコの「国民主権《こくみんしゅけん》の日《ひ》」（国民《こくみん》に権利《けんり》があることを祝《いわ》う日《ひ》）でしたが、トルコの初代大統《しょだいだいとう》りょう、ムスタファ・ケマル・アタチュルクという人《ひと》が、この日《ひ》を「国民主権《こくみんしゅけん》と子《こ》どもの日《ひ》」にすることを会議《かいぎ》で定《さだ》めました。トルコの独立《どくりつ》を主張《しゅちょう》していた大統《だいとう》りょうは、「子《こ》どもは国《くに》の将来《しょうらい》をあらわす」という言葉《ことば》も残《のこ》しています。これからのトルコを背負《せお》っていく子《こ》どもたちのことを何《なに》より大切《たいせつ》に考《かんが》えていたのです。

そこから始《はじ》まり、今《いま》では世界中《せかいじゅう》の子《こ》どもたちを招待《しょうたい》するようになったそうで

す。子《こ》どもの日《ひ》の1〜2週間前《しゅうかんまえ》くらいから、各国《かっこく》から招待《しょうたい》された子《こ》どもたちは、トルコ各地《かくち》の家庭《かてい》にお世話《せわ》になります。そして当日《とうじつ》になると首都《しゅと》・アンカラに集《あつ》められ、自分《じぶん》たちの国《くに》の民族《みんぞく》のおどりなどをおどったり、トルコの子《こ》どもたちのおどりに参加《さんか》したりして楽《たの》しむといいます。

もっと知《し》りたい トルコ

トルコは子《こ》どもの日《ひ》だけでなく、さまざまなところが変《か》わっています。たとえば、「NO」のジェスチャーも世界《せかい》で広《ひろ》まっているものとはちがいます。「NO」はふつう首《くび》を横《よこ》に振《ふ》りますが、トルコでは、アゴをくいっと上《あ》げて「チッ」と舌《した》うちします。知《し》らなければ「YES」のジェスチャーとまちがえたり「何《なに》か失《しつ》礼《れい》なことを言《い》ってしまったのかな」と少《すこ》し心配《しんぱい》になったりしますが、トルコではこれがふつうなのです。

オーストラリア

人前《ひとまえ》でオナラをしても恥《は》ずかしくない！

南《みなみ》半球《はんきゅう》にある世界最小《せかいさいしょう》の大陸《たいりく》、オーストラリア。この大陸《たいりく》は、1800年代《ねんだい》にイギリス人《じん》が移《うつ》り住《す》んだことをきっかけに、ヨーロッパやアメリカから多《おお》くの白人《はくじん》がやってきたため、今《いま》でも白人《はくじん》が多《おお》い国《くに》です。コアラやカンガルーなど、ほかの場所《ばしょ》とはちがう進化《しんか》をした生《い》き物《もの》たちが住《す》むことでもよく知《し》られていますが、実《じつ》は人々《ひとびと》の生活《せいかつ》の中《なか》に

もほかの国《くに》とはちがったところがあります。

それは、人前《ひとまえ》でもふつうにオナラをしても特《とく》に恥《は》ずかしいこととして見《み》られないということです。なので、オーストラリアでは女性《じょせい》でもふつうに人前《ひとまえ》でオナラをします。

日本《にほん》では、オナラはふつう人前《ひとまえ》でしないこと、恥《は》ずかしいこととされているので、もしそのような人《ひと》がいたら「ちょっとヘンな人《ひと》なのかな？」と思《おも》うことでしょう。

それにしてもなぜオーストラリアの人《ひと》はオナラを人前《ひとまえ》でしても平《へい》気《き》なのでしょうか？

DATA

国名《こくめい》	オーストラリア連邦《れんぽう》
首都《しゅと》	キャンベラ
人口《じんこう》	約《やく》 2499 万人《まんにん》

国旗《こっき》

位置《いち》

オナラは自然《しぜん》な反応《はんのう》！でもゲップはＮＧ！

オーストラリアで誰《だれ》もが人前《ひとまえ》でオナラをする理由《りゆう》は、オナラは体《からだ》の自然《しぜん》な反応《はんのう》（生理現象《せいりげんしょう》）なので出《で》てしまうのは仕方《しかた》がない、というように考《かんが》えられているからです。このような考《かんが》え方《かた》は、オーストラリアだけでなく、この地《ち》に移《うつ》ってきたヨーロッパやアメリカ人《じん》の間《あいだ》でも同《おな》じように考《かんが》えられています。

しかし、同《おな》じような体《からだ》の自然《しぜん》な反応《はんのう》でもゲップはＮＧ！特《とく》に食事中《しょくじちゅう》のゲップはかなりのマナー違反《いはん》になってしまい

ます。オーストラリアでは、オナラよりもゲップのほうが失礼《しつれい》と考《かんが》えられているのです。ゲップはオナラより相手《あいて》の顔《かお》の近《ちか》くで出《で》るため、より失礼《しつれい》にあたると考《かんが》えられているのかもしれません。

いずれにせよ、日本《にほん》とオーストラリアでは、オナラもゲップも日本《にほん》のふつうとは大《おお》きくちがいます。もしも旅行《りょこう》に行《い》くことがあったら、人前《ひとまえ》でオナラはしても、ゲップをするのには気《き》を付《つ》けましょう。

もっと知《し》りたい オーストラリア

オーストラリアは広《ひろ》い大《たい》陸《りく》ですが。広《ひろ》さに対《たい》して人口《じんこう》はそこまで多《おお》くはありません。しかし、世《せ》界《かい》のお金持《かねも》ちにはとても人気《にんき》のある国《くに》です。広《ひろ》さに対《たい》して人口《じんこう》が少《すく》ないため、どこもそんなに混《こ》んでおらず、また治安《ちあん》もよいのです。気候《きこう》も温《あたた》かく、街《まち》にはお店《みせ》もたくさんあるため快適《かいてき》に生《せい》活《かつ》できます。こうした理《り》由《ゆう》のため、オーストラリアは4年連続《ねんれんぞく》でお金持《かねも》ちが移《うつ》り住《す》む国《くに》として1位《い》をとり続《つづ》けています。

きれいなビーチもあり、のんびりするにはピッタリの国《くに》だ。

もっと知《し》りたい アジア・オセアニアの国々《くにぐに》

ベトナム

【人口《じんこう》】約《やく》9467万人《まんにん》
【首都《しゅと》】ハノイ

南北《なんぼく》に細長《ほそなが》く伸《の》びたS字型《じがた》の国《くに》。昔《むかし》、フランスに支配《しはい》されていたことがあるため、暮《く》らしにもその影《えい》響《きょう》がある。食生活《しょくせいかつ》もそのひとつで、バイン・ミーと呼《よ》ばれるベトナム風《ふう》サンドイッチがおいしい。いっぽうで伝統的《でんとうてき》な女性《じょせい》の衣装《いしょう》「アオザイ」など、昔《むかし》からの自分《じぶん》たちの国《くに》の文化《ぶんか》もきちんと受《う》けつがれている。

カンボジア

【人口《じんこう》】約《やく》1630万人《まんにん》
【首都《しゅと》】プノンペン

インドシナ半島《はんとう》の南西部《なんせいぶ》にあり、日本《にほん》と同《おな》じように仏教徒《ぶっきょうと》の多《おお》い国《くに》。フランスの支配《しはい》から独立《どくりつ》したあと、国《くに》の中《なか》でずいぶん長《なが》く争《あらそ》いが続《つづ》いていたが、今《いま》では平和《へいわ》になっている。12世紀《せいき》に作《つく》られた大《おお》きな寺《てら》の遺跡《いせき》「アンコール・ワット」は世界遺産《せかいいさん》としてとても有名《ゆうめい》で、世界中《せかいじゅう》からたくさんの人《ひと》が見《み》にやってくる名所《めいしょ》になっている。

アラブ首長国連邦《しゅちょうこくれんぽう》

【人口《じんこう》】約《やく》963万人《まんにん》
【首都《しゅと》】アブダビ

ペルシャ湾《わん》の南側《みなみがわ》にあり、7つの小《ち》さな国《くに》がまとまってひとつの国《くに》になっている。たくさんの石油《せきゆ》や天然《てんねん》ガスを外国《がいこく》に売《う》ったりすることで、多《おお》くのお金《かね》が入《はい》ってきている、とてもお金持《かねも》ちな国《くに》。ドバイにある大《おお》きなビル「ブルジュ・ハリファ」は高《たか》さ828m、206階建《かいだ》てで、世《せ》界一高《かいいちたか》いビルとしてギネスブックにものっている。

ニュージーランド

【人口《じんこう》】約《やく》495万人《まんにん》
【首都《しゅと》】ウェリントン

オーストラリアのとなりにある、2つの大《おお》きな島《しま》と小《ち》さな島々《しまじま》からなる国《くに》。国《くに》のラグビーチーム「オールブラックス」はその強《つよ》さで世界中《せかいじゅう》に知《し》られていて、彼《かれ》らが試合《しあい》の前《まえ》に見《み》せる「ハカ」というおどりは有《ゆう》名《めい》。美《うつく》しい自然《しぜん》を生《い》かして、いろいろな映画《えいが》のロケ地《ち》としても使《つか》われている。日本《にほん》の若《わか》い人《ひと》たちの行《い》き先《さき》としても人気《にんき》がある。

2章《しょう》 ヨーロッパ

ヨーロッパの地図《ちず》

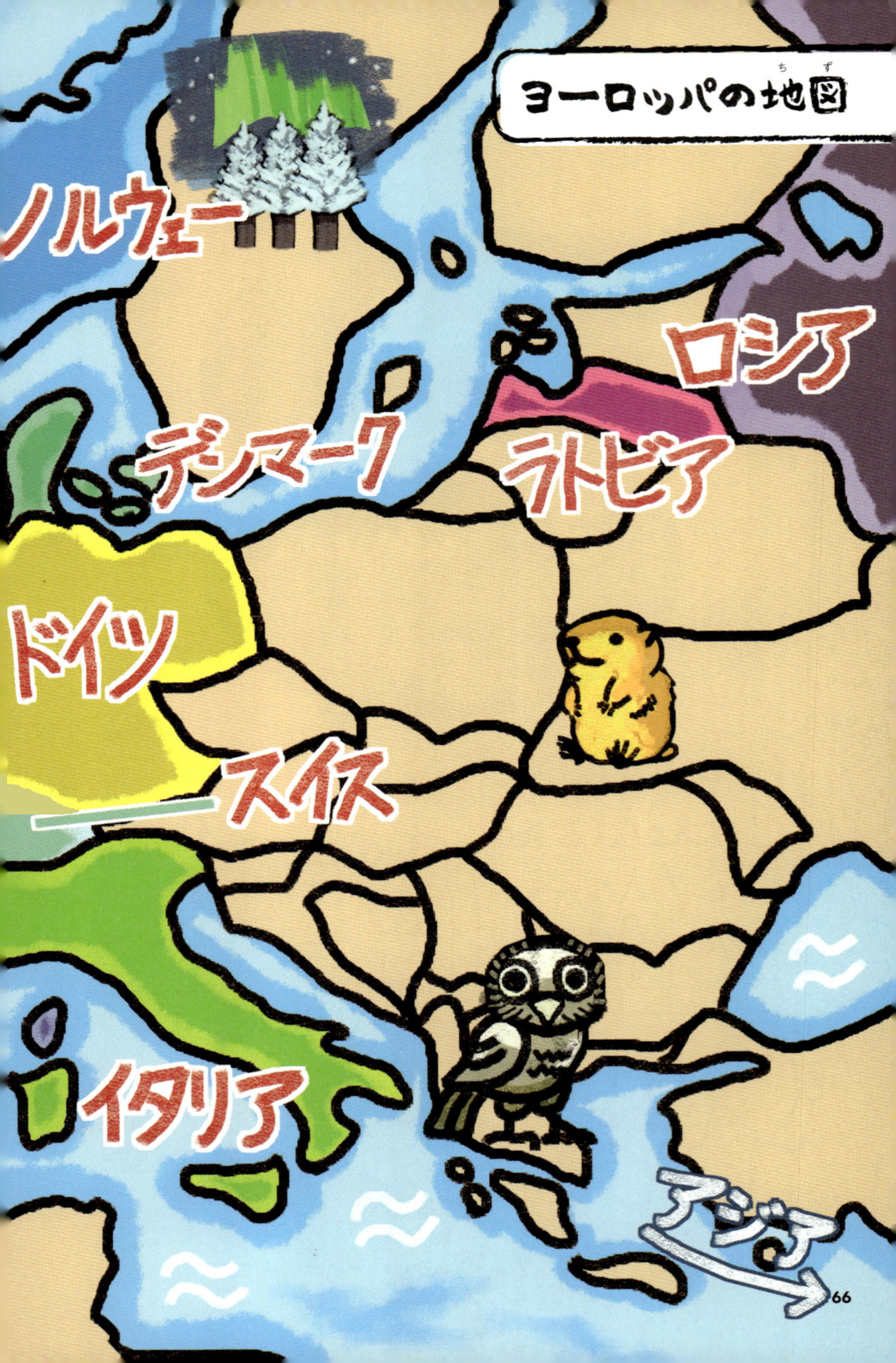
ノルウェー
ロシア
デンマーク
ラトビア
ドイツ
スイス
イタリア
アジア

アイスランド
オランダ
イギリス
フランス
スペイン
アフリカ大陸《たいりく》

ロシア

大《おお》みそかにやってくる青《あお》いサンタと孫娘《まごむすめ》

ロシアはヨーロッパとアジアにまたがり、広《ひろ》さは世界第《せかいだい》1位《い》ですが、北《きた》にあるためとても寒《さむ》く、冬《ふゆ》の平均気温《へいきんきおん》はマイナス10度《ど》。最《もっと》も寒《さむ》い地域《ちいき》ではマイナス50度《ど》になるところもあるようです。

そんな寒《さむ》い国《くに》、ロシアにもサンタクロースがいますが、日本《にほん》とはようすがちがいます。日本《にほん》やアメリカではクリス

マスといえば、12月《がつ》25日《にち》に赤《あか》い服《ふく》を着《き》たサンタのおじいさんがトナカイの引《ひ》くソリに乗《の》って寝《ね》ている子《こ》どもたちにプレゼントを届《とど》ける、というのがふつうです。

しかし、ロシアのサンタクロースはジェド・マロースという青《あお》いおじいさんです。名前《なまえ》の意味《いみ》は「寒《さむ》いおじいさん」。一緒《いっしょ》にいるのもトナカイではなく、孫娘《まごむすめ》である雪《ゆき》の妖《よう》精《せい》・スネグラチカです。寝《ね》ている子《こ》どもにプレゼントを届《とど》けに来《く》るのは同《おな》じですが、やって来《く》る日《ひ》も12月《がつ》31日《にち》、大《おお》みそかの日《ひ》です。

なぜ日本《にほん》やアメリカのクリスマスとこんなにちがうのでしょうか？

DATA

国名《こくめい》　ロシア連邦《れんぽう》

首都《しゅと》　モスクワ

人口《じんこう》　約《やく》1億《おく》4680万人《まんにん》

国旗《こっき》

位置《いち》

サンタのいない世界《せかい》で代《か》わりに来《き》てくれた精霊《せいれい》

ロシアは昔《むかし》、ソ連《れん》という名前《なまえ》の国《くに》だった時代《じだい》がありましたが、このソ連《れん》の時代《じだい》に国《くに》は人々《ひとびと》が宗教《しゅうきょう》を信《しん》じることを禁《きん》止《し》しました。サンタクロースはもともとキリスト教《きょう》の聖人《せいじん》（えらい人）ですが、キリスト教《きょう》が禁止《きんし》されたことでクリスマスやサンタクロースもなくなってしまいました。

そこで、ソ連《れん》の人《ひと》たちは、クリスマスがなくなってしまったため、新年《しんねん》をお祝《いわ》いすることにし、サンタクロースの代わりにジェド・マロースがやってくることにしたのです。ジェド・

マロースとスネグラチカはキリスト教《きょう》がロシアに来《く》る前《まえ》から信《しん》じられていた昔話《むかしばなし》に出《で》てくる雪《ゆき》の精霊《せいれい》です。ソ連《れん》のえらい人《ひと》たちも、昔話《むかしばなし》に出《で》てくるものなら……とそれを許《ゆる》したのです。

その後《ご》、ソ連《れん》の時代《じだい》が終《お》わりロシアになっても、その風習《ふうしゅう》は変《か》わらず続《つづ》いています。ふつうのサンタとはちがいますが、青《あお》いサンタはサンタがいなくなった世《よ》の中《なか》でサンタの代《か》わりになってくれたありがたい存在《そんざい》なのです。

もっと知《し》りたい ロシア

ソ連時代《れんじだい》の前《まえ》にはキリスト教《きょう》だったロシア。ロシアのキリスト教《きょう》は独自《どくじ》の発展《はってん》をとげました。十字架《じゅうじか》の棒《ぼう》が多《おお》かったり、キリストやマリアの像《ぞう》をおがむのではなく、絵《え》をおがんだり、同《おな》じキリスト教《きょう》でも細《こま》かなちがいがあります。東京《とうきょう》のお茶《ちゃ》の水《みず》には、ロシアのキリスト教《きょう》の建物《たてもの》であるニコライ堂《どう》があるので興味《きょうみ》がわいた人《ひと》は行《い》ってみてはどうでしょうか。

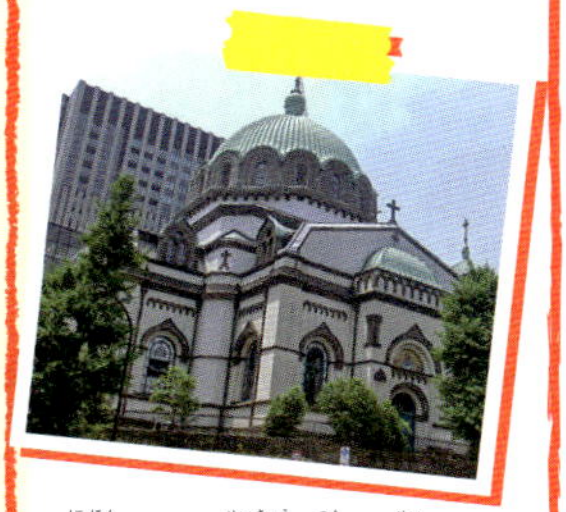

日本《にほん》にロシア正教《せいきょう》を伝《つた》えた聖《せい》ニコライという司祭《しさい》に由来《ゆらい》するニコライ堂《どう》。

cc Wiiii 2010
https://ja.wikipedia.org/wiki/%E3%83%8B%E3%82%B3%E3%83%A9%E3%82%A4%E5%A0%82#/media/%E3%83%95%E3%82%A1%E3%82%A4%E3%83%AB:Tokyo_Resurrection_Cathedral_201000.jpg

イギリス

オバケが出《で》る部屋《へや》は家《や》ちんが高《たか》い！

イギリス人《じん》は、オバケが大好《だいす》きといわれています。日本《にほん》でもオバケやこわい話《はなし》が好《す》きな人《ひと》はたくさんいますが、オバケ好《ず》きはイギリスのほうがずっと多《おお》いようです。

どれぐらいオバケが好《す》きかというと、大昔《おおむかし》にたくさんの人《ひと》が死刑《しけい》になった「ロンドン塔《とう》」などが「心霊《しんれい》スポット」として大人気《だいにんき》で、旅行会社《りょこうがいしゃ》がオバケを見《み》ようというツアーを組《く》んだりするほどなのです。

また、イギリスでは「パブ」と呼《よ》ばれるお店《みせ》に行《い》ってお酒《さけ》を飲《の》みますが、そのパブでもオバケが出《で》るというウワサのあるお店《みせ》が人気《にんき》になって、たくさんのお客《きゃく》がやってきたりします。

それだけではありません。日本《にほん》のアパートなどでは、住《す》んでいた人《ひと》が人《ひと》が死《し》んでオバケが出《で》るウワサのある部屋《へや》には誰《だれ》も住《す》みたがりません。だから家《や》ちんも安《やす》くなります。

しかし、イギリスではまったく逆《ぎゃく》で、そのような部屋《へや》はみんなが住《す》みたがり、家《や》ちんがふつうの部屋《へや》よりも高《たか》くなることが多《おお》いのです。イギリス人《じん》はどうしてそんなにオバケが好《す》きなのでしょうか？

DATA

国名《こくめい》　グレートブリテン及《およ》び北《きた》アイルランド連合王国《れんごうおうこく》

首都《しゅと》　ロンドン

人口《じんこう》　約《やく》 6600 万人《まんにん》

国旗《こっき》

位置《いち》

えー
なんで
よろこんでるの～
高《たか》いけど
ヨッシャー！

オバケ大好《だいす》きな性格《せいかく》は日本《にほん》と同《おな》じ理由《りゆう》だった？

イギリスはキリスト教徒《きょうと》の多《おお》い国《くに》ですが、キリスト教《きょう》が入《はい》ってくるよりもずっと昔《むかし》から人《ひと》がいて、特《とく》にイギリスの西側《にしがわ》にはケルト人《じん》と呼《よ》ばれる人《ひと》たちが住《す》んでいました。ケルトの人《ひと》たちはキリスト教《きょう》のように一人《ひとり》の神《かみ》さまを信《しん》じるのではなく、すべてのものに神《かみ》さまや妖精《ようせい》などがいると信《しん》じていたのです。

そんなケルトの古《ふる》い文化《ぶんか》は今《いま》のイギリスにも残《のこ》っています。一人《ひとり》の神《かみ》さまだけではなくオバケや妖精《ようせい》など、ふ

だん目《め》に見《み》えない、いろいろなふしぎなものがいることを信《しん》じている人《ひと》やそういうものが好《す》きな人《ひと》が多《おお》いのはそのためだともいわれています。

最近日本《さいきんにほん》でも人気《にんき》のハロウィンではみんながオバケの仮《か》装《そう》をしたりしますが、実《じつ》はハロウィンも、もともとはケルトのお祭《まつ》りからきているのです。

仏教徒《ぶっきょうと》の多《おお》い日本《にほん》でも、仏教《ぶっきょう》の仏《ほとけ》さま以外《いがい》に「八百万《やおよろず》の神《かみ》」などといってあらゆるところに神《かみ》さまや妖怪《ようかい》などがいると考《かんが》える人《ひと》は多《おお》く、そういう意味《いみ》では日《に》本《ほん》とイギリスは似《に》ているのかもしれません。

もっと知《し》りたい イギリス

イギリスはオバケだけではなく、妖精《ようせい》や神《かみ》さま、魔法《まほう》が出《で》てくるファンタジー（おとぎ話《ばなし》）の宝《ほう》庫《こ》です。『不思議《ふしぎ》の国《くに》のアリス』などの少《すこ》し昔《むかし》のものから、世界中《せかいじゅう》で大人気《だいにんき》の『ハリー・ポッター』まで……。ほかにも映画化《えいがか》された『ナルニア国物語《こくものがたり》』や『ロード・オブ・ザ・リング』などもイギリスの小説《しょうせつ》がもとになっています。イギリス人《じん》のファンタジー好《ず》きは筋金入《すじがねい》りなのです。

日本《にほん》でも昔《むかし》から大人気《だいにんき》の『不思議《ふしぎ》の国《くに》のアリス』。

ワンちゃん第一《だいいち》！どこに行《い》くにも犬《いぬ》と一緒《いっしょ》！

ヨーロッパでもひときわ栄《さか》えている国《くに》のひとつであるドイツ。歴史《れきし》もあり、有名《ゆうめい》な小説家《しょうせつか》や音楽家《おんがくか》を何人《なんにん》も生《う》んだ国《くに》でもあります。そんな国《くに》に住《す》むドイツ人《じん》は大《だい》の動物好《どうぶつず》き。中《なか》でも犬《いぬ》はドイツの人《ひと》たちに、かなり大切《たいせつ》に扱《あつか》われています。

ドイツでは、犬《いぬ》を飼《か》っている人《ひと》は多《おお》く、一緒《いっしょ》に行《い》ける場所《ばしょ》もそれだけ多《おお》くなっています。犬《いぬ》と一緒《いっしょ》に行《い》けるカフェやレストランなどは日本《にほん》でも最近増《さいきんふ》えていますが、ドイツでは電車《でんしゃ》やバスなど乗《の》り物《もの》にも乗《の》ってきます。飛行機《ひこうき》にも乗《の》れますし、EU（ヨーロッパの中《なか》で協力《きょうりょく》している国《くに》のグループ）

OK
でんしゃ
ひこうき

お犬《いぬ》さまー

アリエナイ！

DATA

国名《こくめい》 ドイツ連邦共和国《れんぽうきょうわこく》

首都《しゅと》 ベルリン

人口《じんこう》 約《やく》8315万人《まんにん》

国旗《こっき》

位置《いち》

の国《くに》ならどこへでも行《い》けるパスポートも取《と》れます。ドイツの犬《いぬ》は、大型犬《おおがたけん》でも乗《の》り物《もの》に乗《の》ったらおとなしくしています。世《よ》の中《なか》で犬《いぬ》と一緒《いっしょ》に行《い》けるところが多《おお》い代《か》わりにきちんとしつけられているのです。

それにしてもなぜドイツではこんなに犬《いぬ》の権利《けんり》がみとめられているのでしょうか？

ドイツ

犬《いぬ》は人間《にんげん》と同《おな》じ社会《しゃかい》の一員《いちいん》！

ドイツでこんなに犬《いぬ》が守《まも》られている理由《りゆう》はキリスト教《きょう》の考《かんが》え方《かた》にあります。キリスト教《きょう》では、犬《いぬ》に限《かぎ》らずすべての動物《どうぶつ》は人間《にんげん》が管理《かんり》するものであり、そのためにその管理《かんり》の形《かたち》もしっかりしていなければならないということなのです。そのため、犬《いぬ》に権利《けんり》があるだけでなく、飼《か》い主《ぬし》にもさまざまな決《き》まりがあります。

たとえば、犬《いぬ》を1頭《とう》飼《か》うのにも届《とど》け出《で》をせねばならず、税《ぜい》金《きん》を払《はら》う必要《ひつよう》があります。また、つなぐヒモの長《なが》さや6時間《じかん》以上室内《いじょうしつない》に閉《と》じこめてはいけないなどきびしく定《さだ》められてい

ます。

こうしたきびしい決《き》まりを守《まも》り、犬《いぬ》の権利《けんり》を世《よ》の中《なか》がみとめることで、犬《いぬ》は社会《しゃかい》の一員《いちいん》となっています。犬《いぬ》は世《よ》の中《なか》で役《やく》に立《た》つことの多《おお》い動物《どうぶつ》です。たとえば、目《め》の見《み》えない人《ひと》の案内役《あんないやく》となる盲導犬《もうどうけん》や、犯罪者《はんざいしゃ》のにおいを追跡《ついせき》し逮捕《たいほ》に協力《きょうりょく》する警察犬《けいさつけん》などです。こういった社会《しゃかい》に役立《やくだ》つ犬《いぬ》の種類《しゅるい》もドイツ生《う》まれのジャーマンシェパードなどが多《おお》く、世界中《せかいじゅう》で活躍《かつやく》しています。ドイツの犬《いぬ》はドイツ人《じん》だけでなく世界中《せかいじゅう》にみとめられているのです。

ボクたちを
助《たす》けてくれる
なかまだよ
そうだワン！

もっと知《し》りたい ドイツ

ドイツ生《う》まれのもので、世界中《せかいじゅう》で人気《にんき》なのは犬《いぬ》だけではありません。工業《こうぎょう》が盛《さか》んなドイツでは、車《くるま》も世界中《せかいじゅう》で人気《にんき》です。ベンツにポルシェ、BMWなど種類《しゅるい》も多《おお》く、日本《にほん》でこういった車《くるま》に乗《の》っている人《ひと》はうらやましがられます。ほかにも、アディダスやプーマなどもドイツの会社《かいしゃ》です。日本《にほん》も「ものづくり大国《たいこく》」と呼《よ》ばれていますが、ドイツの商品《しょうひん》も負《ま》けずおとらず世界中《せかいじゅう》で人気《にんき》なのです。

街中《まちなか》にとまったベンツ。ドイツのダイムラーという会社《かいしゃ》が作《つく》っている。

フランス

愛《あい》は自由《じゆう》なので浮気《うわき》も不倫《ふりん》もしょうがない！

ヨーロッパの中心地《ちゅうしんち》のひとつでもあるフランスは、経済《けいざい》や産業《さんぎょう》だけでなく、ファッションや芸術《げいじゅつ》といった文化《ぶんか》でも新《あたら》しい流行《りゅうこう》を発信《はっしん》してきました。そんなフランス人《じん》が、世界《せかい》よりも進《すす》んでいると胸《むね》をはっているのが「恋愛《れんあい》」です。

たとえば日本《にほん》では、芸能人《げいのうじん》が浮気《うわき》や不倫《ふりん》をしたら、テレビ番組《ばんぐみ》でまるで悪者《わるもの》のようにコテンパンにやっつけられてしまいます。ところがフラン

スでは、浮気《うわき》や不倫《ふりん》でほめられることはありませんが、よその人《ひと》の恋愛《れんあい》に文句《もんく》をつけるほうがカッコ悪《わる》いと言《い》われてしまいます。なぜなら、人《ひと》を愛《あい》する自由《じゆう》をきちんと認《みと》めているからです。

たとえば、現在《げんざい》のマクロン大《だい》統《とう》りょうの奥《おく》さんは、中学校時《ちゅうがっこうじ》代《だい》の先生《せんせい》だった人《ひと》で25歳《さい》も年上《としうえ》の女性《じょせい》です。大統《だいとう》りょうが教《おし》え子《ご》だったころ、すでに結婚《けっこん》していたので浮気《うわき》だったわけです。それでも「大統《だいとう》りょうにふさわしくない！」とは誰《だれ》も言《い》いません。フランスは、若者《わかもの》からお年《とし》寄《よ》りまで、みんなが愛《あい》を楽《たの》しむ「恋愛大国《れんあいたいこく》」なのです。

DATA

国名《こくめい》 フランス共和国《きょうわこく》

首都《しゅと》 パリ

人口《じんこう》 約《やく》6699万人《まんにん》

国旗《こっき》

位置《いち》

フランス

どんな子《こ》も国《くに》が守《まも》る！安心《あんしん》して子《こ》どもの生《う》める国《くに》

フランスでは、結婚《けっこん》していないカップルや浮気《うわき》相手《あいて》との間《あいだ》に生《う》まれた子供《こども》もたくさんいます。でもフランス人《じん》は、それがおかしいとは思《おも》っていません。国《くに》も、親《おや》がたった一人《ひとり》でも子《こ》どもをしっかり育《そだ》てられるようにルールを決《き》めています。子《こ》どもは保育園《ほいくえん》から大学《だいがく》までほぼタダで通《かよ》えるし、親《おや》が子育《こそだ》てにかかるお金《かね》の一部《いちぶ》をもらえる仕《し》組《く》みもあります（この仕組《しく》みは日本《にほん》にもあります

が、フランスの金額《きんがく》はずっと多《おお》いのです）。しかも、女《おんな》の人《ひと》が仕事《しごと》を持《も》つのが当《あ》たり前《まえ》になっていますから、お母《かあ》さんでもしっかりとお金《かね》を稼《かせ》ぐことができ、子《こ》どもを不自由《ふじゆう》なく育《そだ》てられる世《よ》の中《なか》になっているのです。

フランスは世界中《せかいじゅう》にある発展《はってん》した国《くに》の中《なか》では、結《けっ》婚《こん》する男女《だんじょ》の数《かず》が少《すく》ないのですが、子《こ》どもが生《う》まれる割合《わりあい》は高《たか》くなっています。これはフランスという国《くに》が、家族《かぞく》や愛《あい》にはいろいろな形《かたち》があることを認《みと》め、それを支《ささ》えていこうと考《かんが》えた結果《けっか》なのです。

結婚《けっこん》しててもしてなくても子《こ》どもたちをサポートします
なんかきこえるね—
かみさま？

もっと知《し》りたい フランス

世界中《せかいじゅう》で人気《にんき》のフランス映画《えいが》のジャンルは、やはり恋愛映画《れんあいえいが》です。お父《とう》さんお母《かあ》さんくらいの人《ひと》を主人公《しゅじんこう》にしたお話《はなし》や、年《とし》の差《さ》が大《おお》きいカップルを描《えが》いたお話《はなし》、人《ひと》の浮気《うわき》を目撃《もくげき》するお話《はなし》などが、ユーモアを交《まじ》えながら描《えが》かれます。最近《さいきん》では想像力《そうぞうりょく》豊《ゆた》かな女《おんな》の子《こ》の初恋《はつこい》を描《えが》いた『アメリ』が日本《にほん》でもヒットしました。このようにフランスの恋愛《れんあい》映画《えいが》には、お国《くに》がらが表《あらわ》れているのです。

首都《しゅと》・パリの街並み。恋愛映画《れんあいえいが》の舞台《ぶたい》になることも多《おお》い。

大人《おとな》になっても ママが大好《だいす》き!

スパゲッティやピザがおいしいイタリアですが、イタリアには大人《おとな》になっても「親《おや》ばなれ」のできない人《ひと》が多《おお》い、といわれます。実際《じっさい》に、イタリアの男《おとこ》の人《ひと》の3割《わり》ぐらいが、大人《おとな》になっても親《おや》と一《いっ》緒《しょ》に住《す》んでいるそうです。

特《とく》にお母《かあ》さんと子《こ》どもの結《むす》びつきはとても強《つよ》く、結婚《けっこん》している男《おとこ》の人《ひと》でもみんなお母《かあ》さんのことが大好《だいす》きで、何《なに》かわからないことがあればまっ先《さき》にお

ぼうや
なん時《じ》だと
思《おも》ってんの!

アリエナイ!

母《かあ》さんに聞《き》くといいます。親《おや》とはなれて住《す》んでいても、毎日《まいにち》お母《かあ》さんに電話《でんわ》する人《ひと》が多《おお》いのです。子《こ》どもが年《とし》を取《と》っておじさんになっても、それはまったく変《か》わりません。

もちろんお母《かあ》さんのほうも、子《こ》どもが何歳《なんさい》になっても小《ちい》さかったころと同《おな》じように、しかったり、かわいがったりしています。そして世《よ》の中全体《なかぜんたい》がそんな感《かん》じなので、たとえば「お母《かあ》さんのぐあいが悪《わる》くて会社《かいしゃ》を休《やす》みたい」と言《い》っても「そうか、お母《かあ》さんのことなら仕方《しかた》ない」となるのです。イタリア人《じん》はどうしてそんなにお母《かあ》さんが大好《だいす》きなのでしょうか……？

DATA

国名《こくめい》　イタリア共和国《きょうわこく》

首都《しゅと》　ローマ

人口《じんこう》　約《やく》6060万人《まんにん》

国旗《こっき》

位置《いち》

イタリア

家族《かぞく》のきずなが強《つよ》い！ その中《なか》でもママが中心《ちゅうしん》！

陽《よう》気《き》で人《ひと》なつっこいイタリア人《じん》ですが、実《じつ》は他人《たにん》のことをなかなか信用《しんよう》しない人《ひと》たちといわれています。逆《ぎゃく》にその分《ぶん》、イタリア人《じん》は家族《かぞく》の結《むす》びつきをとても大切《たいせつ》にしています。家族《かぞく》が何《なに》よりも一番大事《いちばんだいじ》、ということは、家族《かぞく》ではない他人《たにん》のことをかんたんには信《しん》じない、ということでもあるのです。

その大事《だいじ》な家族《かぞく》の中《なか》でも、子《こ》どものころから大人《おとな》になっても、何《なに》があってもずっと変《か》わらずに愛《あい》してくれるお母《かあ》さんというのは、イタリアの人《ひと》たちにとっては本当《ほんとう》に特別《とくべつ》なもので、お

なにアンタたち！
ウチの子は
私《わたし》が守《まも》る！
ZZZ

そうだったのか！

母《かあ》さんがすべての中心《ちゅうしん》といっても言《い》いすぎではないでしょう。

英語《えいご》ではびっくりしたときなどに「オー・マイ・ゴッド！」（私《わたし》の神《かみ》さま！）と言《い》うことがありますが、それがイタリア語《ご》では「マンマ・ミーア！」（私《わたし》のお母《かあ》さん！）となります。英語《えいご》を話《はな》す人《ひと》たちが「神《かみ》さま」と言《い》うところがイタリアでは「お母《かあ》さん」になる……イタリア人《じん》にとってお母《かあ》さんがどれだけ特別《とくべつ》なものかよくわかるのではないでしょうか。

もっと知《し》りたい イタリア

イタリアは、よく知《し》られているように料理《りょうり》のおいしい国《くに》です。ピザやパスタはもちろんのこと、日本《にほん》のような島国《しまぐに》ではありませんが、国土《こくど》の多《おお》くが海《うみ》に面《めん》していて、新鮮《しんせん》な魚介類《ぎょかいるい》がたくさんとれます。また、日本《にほん》のご当地《とうち》グルメのように、地方《ちほう》によって特《とく》ちょうあり、その家庭《かてい》のお母《かあ》さんなりのアレンジありと、食《た》べ物《もの》に対《たい》するこだわりは日本《にほん》にもひけをとらないといってよいでしょう。

新鮮《しんせん》な魚介《ぎょかい》が並《なら》ぶ市場《いちば》。カルパッチョやアクア・パッツァなど魚料理《さかなりょうり》のおいしさは日本《にほん》より上《うえ》!?

オランダ

部屋《へや》の中《なか》が外《そと》から丸見《まるみ》え！

オランダはヨーロッパにある小《ちい》さな国《くに》です。日本人《にほんじん》のイメージするオランダは、食《た》べ物《もの》ならチーズがおいしい、風《ふう》景《けい》ならチューリップや風車《ふうしゃ》が美《うつく》しい国《くに》といったところでしょうか。

そのほかにも日本《にほん》とは意外《いがい》な関《かか》わりがあります。江戸時代《えどじだい》、日本《にほん》は世界中《せかいじゅう》の国《くに》との関《かか》わりをとても少《すく》なくしたことがあ

りましたが、その時《とき》に関係《かんけい》を続《つづ》けていた数少《かずすく》ないの国《くに》でもあります。

そうは言《い》っても、ヨーロッパの国《くに》で宗教《しゅうきょう》もキリスト教《きょう》のオランダと日本《にほん》は文化《ぶんか》が近《ちか》いわけではありません。そのちがう文化《ぶんか》の中《なか》でも特《とく》に日本《にほん》とちがっているところは、オランダではカーテンを閉《し》めない家《いえ》が多《おお》いところです。

カーテンを開《あ》けっぱなしにしていれば、当然《とうぜん》、家《いえ》の中《なか》の何《なに》もかもが見《み》えてしまいます。日本《にほん》ではカーテンを閉《し》めて、家《いえ》の中《なか》が見《み》えないようにするのがふつうなため、ちょっと考《かんが》えられません。オランダ人《じん》は家《いえ》の中《なか》が丸見《まるみ》えでも恥《は》ずかしくないのでしょうか？

DATA

国名《こくめい》 オランダ王国《おうこく》

首都《しゅと》 アムステルダム

人口《じんこう》 約《やく》1738万人《まんにん》

国旗《こっき》

位置《いち》

ぜいたくをしていないことをあえて見《み》せる！

オランダはキリスト教《きょう》の国《くに》ですが、キリスト教《きょう》にもいろいろなグループがあります。オランダはもともとプロテスタントというグループで、このグループの人《ひと》たちはぜいたくな生活《せいかつ》をしないことを定《さだ》められています。

そのことを世間《せけん》の人《ひと》たちに示《しめ》すためにカーテンを閉《し》めないのです。つまり「私《わたし》たちは全然《ぜんぜん》ぜいたくな暮《く》らしをしていません」ということをみんなに見《み》せることで、自分《じぶん》たちのキリスト教《きょう》に対《たい》する信《しん》じる心《こころ》の深《ふか》さ

をわかってもらうためにそうしているのです。

カーテンだけでなく、普段《ふだん》の生活《せいかつ》でもオランダ人《じん》は節約《せつやく》が大好《だいす》きだといいます。ほかの国《くに》の人《ひと》から見《み》ると「なんでそんなに節約《せつやく》するの!?」と言《い》いたいほどだそうです。フィリピン（p40）の人《ひと》たちと正反対《せいはんたい》です。

とはいえ、そこまでして自分《じぶん》たちの信《しん》じる心《こころ》をあらわすというのもほかの国《くに》には見《み》られない特《とく》ちょうです。それだけオランダの人《ひと》たちのキリスト教《きょう》に対《たい》する思《おも》いの強《つよ》さをあらわしているといえるのです。

もっと知《し》りたい オランダ

江戸時代《えどじだい》に、オランダから日本《にほん》に伝《つた》わったもので今《いま》も残《のこ》っているものがあります。食《た》べ物《もの》ではトマト、セロリ、キャベツ、アスパラ、じゃがいもなどはこのころにオランダ人《じん》が持《も》ってきたものです。また、ビリヤードやバドミントンなども長崎《ながさき》でオランダの商人《しょうにん》が遊《あそ》んでいた遊《あそ》びが、日本《にほん》で広《ひろ》がったといわれています。

オランダ人《じん》は長崎県《ながさきけん》の出島《でじま》というところに来《き》て、日本《にほん》と貿易《ぼうえき》をしていた。

スイス

ミサイルが来てもOK 守りの固い部屋だらけ

児《じ》童《どう》文《ぶん》学《がく》『アルプスの少女《しょうじょ》ハイジ』でも知《し》られているスイス。大自然《だいしぜん》のアルプスの山々《やまやま》だけでなく、長《なが》い歴史《れきし》を持《も》つスイスは世界的観光地《せかいてきかんこうち》として有名《ゆうめい》です。

そう聞《き》くと、のどかな「ヨーロッパの田舎《いなか》」をイメージするかもしれませんが、実《じつ》はどんな武器《ぶき》を使《つか》って攻《せ》めてこられても大丈夫《だいじょうぶ》なほど守《まも》りを固《かた》めた国《くに》なのです。

その守《まも》り方《かた》はハンパではありません。新《あたら》しく建《た》てられるマンションや大《おお》きなビルの地下《ちか》には、核《かく》ミサイル

が飛《と》んできても平気《へいき》なシェルター（避難《ひなん》できる部屋《へや》）を作《つく》ることが義務《ぎむ》づけられているほどです。シェルターのコンクリート製《せい》の分《ぶ》厚《あつ》い扉《とびら》の中《なか》には、避難生活《ひなんせいかつ》のための部屋《へや》や水《みず》を使《つか》わないトイレ、酸《さん》素《そ》ボンベ、ガスフィルターが備《そな》えられ、戦争《せんそう》が起《お》こったとき、どういう行動《こうどう》をしたらいいかが書《か》かれた説明書《せつめいしょ》も置《お》いてあります。

現在《げんざい》では、住宅《じゅうたく》や学校《がっこう》などの地下《ちか》に30万基《まんき》以上《いじょう》のシェルターがあり、約《やく》８００万人《まんにん》以上《いじょう》が収容《しゅうよう》できると考《かんが》えられています。スイスはなぜ、これほどまでに守《まも》りを固《かた》める必要《ひつよう》があるのでしょうか？

DATA

国名《こくめい》　スイス連邦《れんぽう》

首都《しゅと》　ベルン

人口《じんこう》　約《やく》854万人《まんにん》

国旗《こっき》

位置《いち》

スイス

自分《じぶん》たちのことは自分《じぶん》たちで守《まも》る！

スイス軍《ぐん》の基地《きち》は、かたい岩山《いわやま》の地下《ちか》に作《つく》られ、国《くに》と国《くに》の境《さかい》にある橋《はし》やトンネルは、いつでも爆破《ばくは》して敵《てき》が通《とお》れないようにできる仕掛《しか》けが備《そな》えられています。道路《どうろ》には、敵《てき》の戦車《せんしゃ》を防《ふせ》ぐためのバリケードが自動《じどう》で飛《と》び出《だ》してくる仕掛《しか》けもあります。

こうして国《くに》の守《まも》りをがっちりと固《かた》

スイスつえー
はよ
て
いや
オレとくもう

そうだったのか！

めているスイスは、誰《だれ》の敵《てき》にも味方《みかた》にもならない永世中立《えいせいちゅうりつ》というポジションをとっています。しかし、いざとなれば専門《せんもん》の兵隊《へいたい》のほか、訓練《くんれん》を受《う》けた約《やく》21万人《まんにん》の大人《おとな》がスイス軍《ぐん》として行動《こうどう》します。戦争《せんそう》が起《お》きそうになれば、全員《ぜんいん》で国《くに》を守《まも》りながら、スイスに戦《たたか》いを仕《し》かけると損《そん》をすると相手《あいて》にわからせ、争《あらそ》いの前《まえ》に相手《あいて》を退《しりぞ》かせる作戦《さくせん》なのです。

以前《いぜん》は、こうした作戦《さくせん》をスイスが自分《じぶん》だけで行《おこな》おうとしていましたが、2002年《ねん》に国際連合《こくさいれんごう》に入《はい》ったので、ほかの国《くに》とも協力《きょうりょく》することになりました。それでも自分《じぶん》の国《くに》は自分《じぶん》で守《まも》る!という強《つよ》い決意《けつい》を持《も》った平和国家《へいわこっか》としての考《かんが》え方《かた》は変《か》わっていません。

もっと知《し》りたい スイス

永世中立国《えいせいちゅうりつこく》のスイスは、たびたび映画《えいが》や小説《しょうせつ》にも登場《とうじょう》します。ミュージカルの名作《めいさく》『サウンド・オブ・ミュージック』は、大二次世界大戦中《だいにじせかいたいせんちゅう》、ナチス・ドイツの攻撃《こうげき》を受《う》けたオーストリアから、トラップ一家《いっか》と修道女《しゅうどうじょ》マリアがスイスにやってくる物語《ものがたり》です。この作品《さくひん》の中《なか》でトラップ一家《いっか》が歌《うた》う名曲《めいきょく》「エーデルワイス」は、アルプスを原産《げんさん》とする高山植物《こうざんしょくぶつ》の歌《うた》で、スイスの国《くに》の花《はな》です。

エーデルワイスは、日本《にほん》では「セイヨウウスユキソウ」という名前《なまえ》のかわいらしい花《はな》。

cc Tobias Gasser 2005
https://ja.wikipedia.org/wiki/%E3%82%BB%E3%82%A4%E3%83%A8%E3%82%A6%E3%82%A6%E3%82%B9%E3%83%A6%E3%82%AD%E3%82%BD%E3%82%A6#/media/%E3%83%95%E3%82%A1%E3%82%A4%E3%83%AB:LeontopodiumAlpinum-1.jpg

スペイン

ウシと走《はし》るお祭《まつ》りでケガ人《にん》、死人《しにん》が続出《ぞくしゅつ》!!

情《じょう》

熱《ねつ》の国《くに》スペインの北《きた》にあるナバーラ州《しゅう》パンプローナでは、7月《がつ》になるとサン・フェルミン祭《まつり》が開催《かいさい》されます。このお祭《まつ》りは人口約《じんこうやく》18万人《まんにん》の小《ちい》さな町《まち》に、毎年《まいとし》、世界《せかい》中《じゅう》から250万人近《まんにんちか》くのお客《きゃく》さんを集《あつ》めます。

何百年《なんびゃくねん》も続《つづ》くお祭《まつ》りの一番《いちばん》の盛《も》り上《あ》がりは、白《しろ》い服《ふく》に赤《あか》いスカーフと帯《おび》を身《み》に着《つ》け

た参加者《さんかしゃ》たちが、体重《たいじゅう》500キロほどの雄《お》牛《うし》6頭《とう》とともに、850メートルの狭《せま》い路《ろ》地《じ》を全力《ぜんりょく》で走《はし》り抜《ぬ》ける牛追《うしお》いです。

牛追《うしお》いは、朝《あさ》、1万人《まんにん》以上《いじょう》の見物客《けんぶつきゃく》を集《あつ》めて始《はじ》まります。8時《じ》のロケット花火《はなび》の合《あい》図《ず》でスタート。コースには上《のぼ》り坂《ざか》、下《くだ》り坂《ざか》、カーブもあり、それを計算《けいさん》に入《い》れながらでないと走《はし》るスピードが落《お》ちて、牛《うし》の集団《しゅうだん》に追《お》いつかれてしまいますから、観客《かんきゃく》もドキドキです。闘牛場《とうぎゅうじょう》に向《む》け、全速力《ぜんそくりょく》で走《はし》る時《じ》間《かん》はおよそ2〜3分《ぷん》。命《いのち》がけですから、参加者《さんかしゃ》は何《なに》か特別《とくべつ》な訓練《くんれん》を受《う》けているのかと思《おも》いきや、男性《だんせい》でも女《じょ》性《せい》でも、18歳以上《さいいじょう》で勇気《ゆうき》があれば誰《だれ》でも参加《さんか》OKというのが驚《おどろ》きです。

DATA

国名《こくめい》	スペイン王国《おうこく》
首都《しゅと》	マドリード
人口《じんこう》	約《やく》4693万人《まんにん》

国旗《こっき》

位置《いち》

闘牛場《とうぎゅうじょう》までつれていく勇敢《ゆうかん》な人《ひと》たちが始《はじ》まり！

このお祭《まつ》りが始《はじ》まったのは、12世紀《せいき》だといわれています。

大昔《おおむかし》、パンプローナでは、夏《なつ》の初《はじ》めに家畜商人《かちくしょうにん》も訪《おとず》れる商品《しょうひん》の市《いち》が開《ひら》かれていて、そこで闘牛《とうぎゅう》が行《おこな》われていたそうです。また10月《がつ》にはキリスト教《きょう》のために亡《な》くなった聖《せい》フェルミンをたたえる祭《まつ》りが開《ひら》かれていたので、これらを気候《きこう》のよい時《じ》期《き》に変更《へんこう》し、7月《がつ》に同時《どうじ》に開《ひら》くことになりました。牛追《うしお》いは、牧場《ぼくじょう》から、囲《かこ》い場《ば》と呼《よ》ばれる場所《ばしょ》に集《あつ》められた雄牛《おうし》を、闘牛士《とうぎゅうし》が待《ま》つ闘牛場《とうぎゅうじょう》まで運《はこ》ぶことから始《はじ》まったそうです。

この危険《きけん》なイベントでは、1911年《ねん》から今《いま》までに16人《にん》の参加者《さんかしゃ》が亡《な》くなったと

の記録《きろく》が残《のこ》っています。これだけを見《み》ると少《すく》なそうにも思《おも》えますが、2019年《ねん》の牛追《うしお》いでは、牛《うし》のツノに突《つ》かれたケガ人《にん》は8人《にん》、骨折《こっせつ》や打撲《だぼく》は27人《にん》、もっと軽《かる》いケガで治療《ちりょう》を受《う》けたのは約《やく》500人《にん》。きっと病院《びょういん》もお祭《まつ》り騒《さわ》ぎだったのではないでしょうか。

ゴールする栄誉《えいよ》を手《て》に入《い》れるのは、もちろん命《いのち》がけです。それでも牛追《うしお》いをやめないのは、聖《せい》フェルミンへのあつい信仰《しんこう》あってのことなのでしょう。

もっと知《し》りたい
スペイン

パンプローナは、小説《しょうせつ》『老人《ろうじん》と海《うみ》』を書《か》いたアメリカ人作家《じんさっか》アーネスト・ヘミングウェイの小説《しょうせつ》『日《ひ》はまた昇《のぼ》る』の舞台《ぶたい》になったことで、世界的《せかいてき》に有名《ゆうめい》になりました。1923年《ねん》にパンプローナにやってきたヘミングウェイは、牛追《うしお》いがとても気《き》に入《い》りましたが、参加《さんか》してウシと走《はし》ることはなかったようです。闘牛場《とうぎゅうじょう》の横《よこ》には、ヘミングウェイが亡《な》くなってから石像《せきぞう》が建《た》てられました。

さまざまな名作《めいさく》を残《のこ》したヘミングウェイ。ノーベル文学賞《ぶんがくしょう》も受賞《じゅしょう》した。

ラトビア

国《くに》の歌《うた》（民《みん》よう）が120万《まん》曲《きょく》もある!!

ラトビアはロシアと北《きた》ヨーロッパにはさまれた「バルト三国《さんごく》」の真《ま》ん中《なか》にある国《くに》です。首都《しゅと》であるリガには美《うつく》しい建物《たてもの》がたくさんあり、その街《まち》のながめは「バルトのパリ」と呼《よ》ばれて、今《いま》では世界遺産《せかいいさん》になっています。

それ以上《いじょう》にラトビアを有名《ゆうめい》にしているのは、歌《うた》がたくさんあることで、ラトビアは「歌《うた》の国《くに》」といわれています。ラトビアの民《みん》よう（その国《くに》や土地《とち》でよく歌《うた》わ

れる古《ふる》い歌《うた》）は「ダイナ」と呼《よ》ばれ、その多《おお》くは子守《こも》りや結婚式《けっこんしき》や葬《そう》式《しき》、農作業《のうさぎょう》などの行事《ぎょうじ》や仕事《しごと》のときに昔《むかし》から歌《うた》われてきた歌《うた》です。

ダイナは、ラトビアの国中《くにじゅう》に全《ぜん》部《ぶ》で120万曲《まんきょく》もあるとされています。ラトビア全体《ぜんたい》の人口《じんこう》がだいたい193万人《まんにん》なので、120万《まん》曲《きょく》というのはすごいことですが、よくラトビアの人《ひと》たちは「一人《ひとり》に1曲《きょく》のダイナがある」などと話《はな》していて、そうするとダイナは120万曲《まんきょく》どころか193万曲《まんきょく》もあることになります。合唱団《がっしょうだん》もとても多《おお》いラトビアですがどうしてそんなにたくさんの歌《うた》があるのでしょうか……？

DATA

国名《こくめい》 ラトビア共和国《きょうわこく》

首都《しゅと》 リガ

人口《じんこう》 約《やく》193万人《まんにん》

国旗《こっき》

位置《いち》

ラトビア

国《くに》や民族《みんぞく》を忘《わす》れないために歌《うた》う！

ラトビアは16世紀《せいき》からずっと、ポーランド、スウェーデン、ロシア、ドイツといろいろな国《くに》に支配《しはい》されてきた国《くに》でした。1991年《ねん》にソ連《れん》から独立《どくりつ》して、ラトビア人《じん》の国《くに》としてひとり立《だ》ちするまでは、とても長《なが》い間《あいだ》よその国《くに》に支配《しはい》され続《つづ》けていたのです。

その間《あいだ》、ラトビアの人《ひと》たちはラトビア人《じん》というひとつの民族《みんぞく》であることよりも、ドイツやソ連《れん》などの一部《いちぶ》であることを押《お》し付《つ》けられて生《い》きてきました。そんなラトビアの人《ひと》たちが、自分《じぶん》たちの国《くに》や民族《みんぞく》を忘《わす》れずに、ひとつの民族《みんぞく》としてみんなでまとまろうという気《き》

持《も》ちを高《たか》めるために、ダイナはとても役《やく》に立《た》ったのです。

ラトビアの人《ひと》たちにとってダイナは聞《き》くだけのものではなく、自分《じぶん》たちで歌《うた》うものです。彼《かれ》らはたくさんの合唱団《がっしょうだん》を作《つく》り、みんなでダイナを歌《うた》うフェスティバルを毎年《まいとし》開《ひら》き続《つづ》けることで、ラトビア人《じん》としての魂《たましい》を持《も》ち続《つづ》けてきたのでした。ラトビアの人《ひと》たちにとって歌《うた》＝ダイナとは昔《むかし》も今《いま》も本当《ほんとう》に大切《たいせつ》なものなのです。

もっと知《し》りたい ラトビア

民族《みんぞく》の歌《うた》を忘《わす》れない国《くに》、ラトビアではカラフルな毛糸《けいと》で編《あ》まれた手袋《てぶくろ》や靴下《くつした》などが伝統工芸品《でんとうこうげいひん》として、お土産《みやげ》などに人《にん》気《き》です。この模様《もよう》にも、ラトビアの人《ひと》の民族《みんぞく》のほこりがあらわれています。キリスト教《きょう》以前《いぜん》にこの地《ち》で信仰《しんこう》されていた、バルト文化《ぶんか》や神話《しんわ》がテーマになっているものが多《おお》く、とても人気《にんき》があるのです。

カラフルなミトンはおしゃれで人気《にんき》が高《たか》い。

デンマーク

小中学校《しょうちゅうがっこう》では試験《しけん》も通知表《つうちひょう》もなかった!

ドイツの北側《きたがわ》にちょこっとだけ飛《と》び出《だ》している土地《とち》があります。ここがデンマークです。レゴが生《う》まれた国《くに》として知《し》られていますが、日本《にほん》ではそこまでなじみがない人《ひと》も多《おお》いかもしれません。

しかし、デンマークにはほかの国《くに》の子《こ》どもたちが「うらやましい!」と言《い》

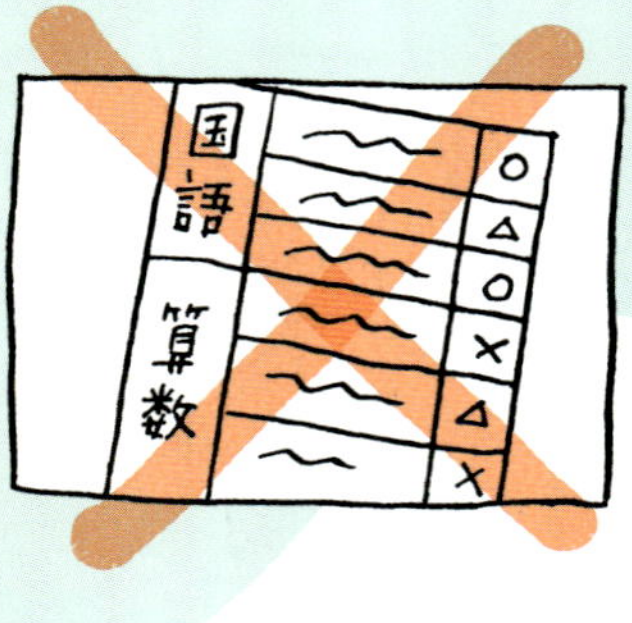

う文化《ぶんか》がありました。それは試験《しけん》も通知表《つうちひょう》もないことでした。

デンマークも日本《にほん》と同《おな》じように義務教育《ぎむきょういく》は9年間《ねんかん》です。この間《かん》、成績《せいせき》に関《かか》わる試験《しけん》はいっさいありませんでした。確認《かくにん》テストはあります。ただし、このテストの結果《けっか》によって、成績《せいせき》がつくことはありません。授業《じゅぎょう》でやったことが身《み》についているかどうかを先生《せんせい》が確認《かくにん》するためのものです。そもそも成績《せいせき》をつける通知表《つうちひょう》もありませんでした。友達《ともだち》と自分《じぶん》のどっちがよくできるかを比《くら》べられることがないため、子《こ》どもたちはプレッシャーなく勉強《べんきょう》に集中《しゅうちゅう》できていたのです。

それにしてもデンマークではなぜこのような学校《がっこう》のしくみになっていたのでしょうか？

DATA

国名《こくめい》　デンマーク王国《おうこく》

首都《しゅと》　コペンハーゲン

人口《じんこう》　約《やく》581万人《まんにん》

国旗《こっき》

位置《いち》

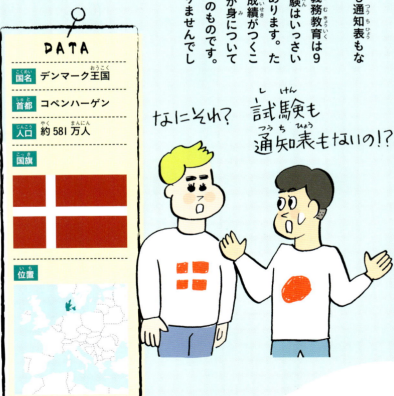

デンマーク

小《ち》さいうちは好《す》きなことを伸《の》ばす！

デンマークでは、9年《ねん》の義務教育《ぎむきょういく》を終《お》わると日本《にほん》と同《おな》じように高校《こうこう》、大学《だいがく》へと進《すす》みますが、これらの学校《がっこう》では、これまでと変《か》わって試験《しけん》もあるきびしい競争《きょうそう》の世界《せかい》になってきます。また、社会《しゃかい》に出《で》てからもきびしいです。会社《かいしゃ》に入《はい》って仕事《しごと》ができないとすぐにクビになってしまいます。

これがデンマークの学校《がっこう》に試験《しけん》や通知表《つうちひょう》がない理由《りゆう》でした。義務教育《ぎむきょういく》の先《さき》がたいへんきびしいのですが、小《ちい》さいうちから競争《きょうそう》をさせることはしない代《か》わりに、自分《じぶん》の好《す》きなこと、得意《とくい》なことを見《み》つけ

ようという考《かんが》え方《かた》なのです。

とはいえ、そんなデンマークも最近《さいきん》ではほかの国《くに》と同《おな》じように試験《しけん》を取《と》り入《い》れ始《はじ》めました。

しかし、学校《がっこう》の成績《せいせき》はその試験《しけん》だけでは決《き》まりません。正解《せいかい》を答《こた》えられるかではなく、その子《こ》が自分《じぶん》の意見《いけん》をどのくらい言《い》えるか、ということが重要《じゅうよう》になります。試験《しけん》を取《と》り入《い》れても、子《こ》どもの能力《のうりょく》に合《あ》わせて評価《ひょうか》しようというデンマーク式《しき》の考《かんが》え方《かた》は変《か》わっていないのです。

もっと知《し》りたい

デンマーク

デンマークは世界幸福《せかいこうふく》度《ど》ランキングで２位《い》の国《くに》です。これは幸《しあわ》せだと感《かん》じている国民《こくみん》がほかの国《くに》よりも多《おお》いということです。なぜかというと、デンマークはお金持《かねも》ちの人《ひと》と貧乏《びんぼう》な人《ひと》との差《さ》が少《すく》ない国《くに》です。お金持《かねも》ちからは税金《ぜいきん》をたくさん、貧乏《びんぼう》な人《ひと》からは少《すく》なくとります。また、病気《びょうき》や出産《しゅっさん》などでかかるお金《かね》は無料《むりょう》で、保育園《ほいくえん》などの子育《こそだ》ての場所《ばしょ》も充実《じゅうじつ》しているのです。これがデンマークの幸福度《こうふくど》が高《たか》い理由《りゆう》です。

ノルウェー

土曜日《どようび》はお菓子《かし》の日《ひ》、金曜日《きんようび》はピザの日《ひ》！

世《せ》界《かい》で最《もっと》もピザが食《た》べられている国《くに》はどこでしょうか？　ピザの本場《ほんば》イタリアでしょうか？　食《た》べる人数《にんずう》の多《おお》い中国《ちゅうごく》やインドでしょうか？　正解《せいかい》は意外《いがい》にもノルウェーなのです。

ノルウェーは、ヨーロッパの北《きた》の地域《ちいき》にある、とても寒《さむ》い国《くに》です。冬《ふゆ》になるとオーロラが見《み》えることもあります。また、夏《なつ》には一日中太陽《いちにちじゅうたいよう》が沈《しず》まない夜《よる》、白夜《びゃくや》があることでも有名《ゆうめい》です。白夜《びゃくや》のときは、太陽《たいよう》が水平方向《すいへいほうこう》に動《うご》きいつまでも沈《しず》まずに明《あか》るいま

まなのです。

　そんなノルウェーではピザを食《た》べる日《ひ》が決《き》まっています。毎週金《まいしゅうきん》曜日《ようび》がピザの日《ひ》です。レストランで食《た》べるより、家《いえ》で作《つく》ったり、冷《れい》凍《とう》ピザを食《た》べたりする人《ひと》が多《おお》いようです。ノルウェーではもともとパンとチーズをよく食《た》べていたため、ピザも大人気《だいにんき》になったようです。また、ノルウェーの人《ひと》たちは子《こ》どもも大人《おとな》も甘《あま》いものが大好《だいす》きです。しかし、甘《あま》いものは食《た》べすぎると体《からだ》に悪《わる》いため週一回《しゅういっかい》、土曜《どよう》日《び》がお菓子《かし》の日《ひ》となっています。

　なぜ食《た》べる曜日《ようび》が決《き》まっているのでしょうか？

DATA

国名《こくめい》　ノルウェー王国《おうこく》

首都《しゅと》　オスロ

人口《じんこう》　約《やく》532万人《まんにん》

国旗《こっき》

位置《いち》

ノルウェー

何《なに》もかもが高《たか》いけど週一回《しゅういっかい》はぜいたくを！

ヨーロッパの北《きた》の地域《ちいき》にある国《くに》、北欧地域《ほくおうちいき》と呼《よ》ばれる国《くに》には共通点《きょうつうてん》があります。ノルウェーのほか、デンマーク、フィンランド、スウェーデンなどがそうですが、国《くに》のサービスが素晴《すば》らしい代《か》わりに税金《ぜいきん》がとても高《たか》いのです。

たとえば、病気《びょうき》や出産《しゅっさん》でかかるお金《かね》は無料《むりょう》ですし、保育園《ほいくえん》やベビーシッターなども充実《じゅうじつ》していて子育《こそだ》てのしやすい世《よ》の中《なか》です。その代《か》わりにスーパーで食品《しょくひん》を買《か》うのに15％、外食《がいしょく》すると25％の消費税《しょうひぜい》を取《と》られま

す。日本《にほん》では、スーパーの食品《しょくひん》は8%、外食《がいしょく》では10%の消費《しょうひ》税《ぜい》なのでそのちがいは大《おお》きなものだとわかるでしょう。

こうした世《よ》の中《なか》なので、外食《がいしょく》をするのはかなりのぜいたくになってしまうのです。レストランも日本《にほん》ほど多《おお》くありません。とはいえ、高《たか》い高《たか》いと節約《せつやく》ばかり続《つづ》けていてもストレスがたまるので、週《しゅう》一回《かい》はごちそう、つまりピザを家《いえ》で食《た》べようということになりこのような暮《く》らしになったそうです。金曜日《きんようび》のピザは、自分《じぶん》たちの国《くに》の状況《じょうきょう》でも楽《たの》しもうとするノルウェー人《じん》の工夫《くふう》なのです。

高《たか》いからダメよ
また金《きん》ようにおうちでね
ママー ピザ たべたい

もっと知《し》りたい ノルウェー

地図《ちず》で見《み》ればわかりますが、ノルウェーの海岸《かいがん》は細《こま》かいギザギザになっています。これはフィヨルドという地形《ちけい》で、氷河《ひょうが》（何万年《なんまんねん》も積《つ》もった雪《ゆき》が氷《こおり》になったもの）が作《つく》ったガケです。このガケの高《たか》いところの雪《ゆき》がとけてダムに流《なが》れこむ力《ちから》を利用《りよう》して電気《でんき》を作《つく》ります。ノルウェーの電力《でんりょく》の96%はこの水力発電《すいりょくはつでん》によるもので、汚《よご》れた煙《けむり》などを出《だ》さないきれいなエネルギーで生活《せいかつ》できる国《くに》なのです。

日本《にほん》では見《み》られないような落差《らくさ》のガケを見《み》ることができる。

cc Michael David Hill 2005
https://ja.wikipedia.org/wiki/%E3%83%95%E3%82%A3%E3%83%A8%E3%83%AB%E3%83%89#/media/%E3%83%95%E3%82%A1%E3%82%A4%E3%83%AB:The_Seven_Sisters_&_the_Wooer.jpg

クリスマスには13人《にん》のサンタがやってくる！

アイスランドは世界《せかい》で最《もっと》も北《きた》にある島国《しまぐに》です。火山《かざん》が多《おお》い国《くに》で、それゆえたくさんの温泉《おんせん》がわき出《で》ています。日本《にほん》も同《おな》じ火山《かざん》の国《くに》で温泉《おんせん》も非常《ひじょう》に多《おお》いので、その点《てん》では似《に》ています。

とはいえ、やはり日本《にほん》とも、ほかの世界《せかい》の国《くに》とも似《に》ていない文化《ぶんか》があります。それがアイスランドのサンタです。

アイスランドのサンタは13人《にん》の兄弟《きょうだい》です。サンタといっても、ヒゲに赤《あか》い服《ふく》のおじいさんではなく、妖怪《ようかい》のような

姿《すがた》をしています。クリスマスの13日前《にちまえ》、12月《がつ》12日《にち》からそのサンタが一人《ひとり》ずつ子《こ》どものところにやってきて、子《こ》どもたちが窓《まど》ぎわに置《お》いたクツの中《なか》にお菓子《かし》やプレゼントを届《とど》けます。そして13人《にん》のサンタ全員《ぜんいん》がそろったらクリスマスをお祝《いわ》いします。

クリスマスが終《お》わったらサンタはまた一人《ひとり》ずつ帰《かえ》ります。そのため、アイスランドのクリスマスシーズンは12月《がつ》12日《にち》から最後《さいご》のサンタが帰《かえ》る1月《がつ》6日《か》までとなります。最後《さいご》の日《ひ》は花火《はなび》やたき火《び》でまたお祝《いわ》いします。

なぜほかの国《くに》のサンタとこんなにちがうのでしょうか？

DATA

国名《こくめい》	アイスランド共和国《きょうわこく》
首都《しゅと》	レイキャビク
人口《じんこう》	約《やく》35万人《まんにん》

国旗《こっき》

位置《いち》

元《もと》ネタはいたずらな昔話《むかしばなし》のトロルの兄弟《きょうだい》

この13人《にん》の兄弟《きょうだい》サンタは、ユール・ラッズといい、もともとはアイスランドの昔話《むかしばなし》に出《で》てくるトロルといういたずら好《す》きの怪物《かいぶつ》たちだったようです。それがいつしかサンタと混《ま》ざって、今《いま》のような13人《にん》のサンタになったといわれています。

13人《にん》はそれぞれ個性的《こせいてき》な見《み》た目《め》で、性格《せいかく》もちがいます。「ソーセージを盗《ぬす》むサンタ」「スプーンをなめるサンタ」などの名前《なまえ》がありますが、もともとのいた

ずらトロルとしての性格《せいかく》が受《う》けつがれていることがわかります。

　アイスランドは、ノルウェーと同《おな》じく夏《なつ》には太陽《たいよう》の沈《しず》まない夜《よる》、白夜《びゃくや》があります。そのいっぽうで、冬《ふゆ》には一日中太陽《いちにちじゅうたいよう》が昇《のぼ》らない夜《よる》、極夜《きょくや》があります。昔《むかし》のアイスランドの人《ひと》たちは、山《やま》に住《す》んでいる人《ひと》などは電気《でんき》もありませんでしたから、あたりは真《ま》っ暗《くら》です。その真《ま》っ暗《くら》ななかで暮《く》らしていると、山《やま》には妖精《ようせい》や怪物《かいぶつ》が住《す》んでいると信《しん》じるようになり、ユール・ラッズのような昔話《むかしばなし》が生《う》まれたのではないでしょうか。

もっと知《し》りたい アイスランド

日本《にほん》の温泉《おんせん》は脱衣所《だついじょ》があったり、泊《と》まれるところがあったりと整《ととの》えられています。アイスランドの温泉《おんせん》はそれに比《くら》べるとワイルドです。川《かわ》そのものに温泉《おんせん》が流《なが》れていて、そこに自由《じゆう》に入《はい》って楽《たの》しむことができる温泉《おんせん》もあります。また、湖《みずうみ》ほども広《ひろ》い温泉《おんせん》や、流《なが》れる大《おお》きな氷《こおり》を見《み》ながら入《はい》れる温泉《おんせん》などもあります。温泉《おんせん》に来《く》る人《ひと》は基本的《きほんてき》に水着《みずぎ》を着《き》て入《はい》ります。温泉《おんせん》に素《す》っ裸《ぱだか》で入《はい》るのは日本《にほん》など少《しょう》数《すう》の国《くに》の文化《ぶんか》です。

湖《みずうみ》ほどの広《ひろ》さがある世界最大《せかいさいだい》の温《おん》泉《せん》・ブルーラグーン。

もっと知《し》りたい ヨーロッパの国々《くにぐに》

フィンランド

【人口《じんこう》】551万人《まんにん》
【首都《しゅと》】ヘルシンキ

スカンジナビア半島《はんとう》の東側《ひがしがわ》にあり、北極《ほっきょく》に近《ちか》いのでオーロラも見《み》られる。サンタクロースのふるさととされ、世界中《せかいじゅう》で有名《ゆうめい》な「ムーミン」の作者《さくしゃ》トーベ・ヤンソンもフィンランドの人《ひと》。サウナはこの国《くに》から世界《せかい》に広《ひろ》まり、フィンランドには200万以上《まんいじょう》のサウナがある。「マリメッコ」をはじめ、おしゃれな家具《かぐ》の会社《かいしゃ》もたくさんある。

ポルトガル

【人口《じんこう》】1027万人《まんにん》
【首都《しゅと》】リスボン

スペインのとなりにある小《ちい》さな国《くに》だが、ポルトガルの船乗《ふなの》りたちは世界《せかい》の海《うみ》に出《で》て、とくにバスコ・ダ・ガマは初《はじ》めて世界一周《せかいいっしゅう》を成功《せいこう》させて英雄《えいゆう》になった。日本《にほん》とは戦国時代《せんごくじだい》に織田信長《おだのぶなが》が貿易《ぼうえき》を始《はじ》めて以来《いらい》の付《つ》き合《あ》いでカステラ、タバコ、ビスケット、ブランコ、天《てん》ぷらなどの言葉《ことば》はもともとポルトガル語《ご》からきている。

ギリシャ

【人口《じんこう》】1074万人《まんにん》
【首都《しゅと》】アテネ

地中海《ちちゅうかい》の中《なか》にものすごくたくさんの島《しま》や山《やま》があり、景色《けしき》がとても美《うつく》しい国《くに》。その景色《けしき》を見《み》るために世界中《せかいじゅう》から多《おお》くの人《ひと》がやってくる。もともとはかなり古《ふる》い歴史《れきし》のある国《くに》で、オリンピックもギリシャから始《はじ》まった。料理《りょうり》がおいしいことでも有名《ゆうめい》で、ヨーロッパのほかの国《くに》の人《ひと》たちがあまり食《た》べないタコを、日《に》本人《ほんじん》と同《おな》じようによく食《た》べている。

オーストリア

【人口《じんこう》】880万人《まんにん》
【首都《しゅと》】ウィーン

東《ひがし》ヨーロッパと西《にし》ヨーロッパの間《あいだ》にあり、2018年《ねん》には「世界《せかい》で最《もっと》も暮《く》らしやすい国《くに》」で1位《い》になった。モーツァルトやシューベルトなど有名《ゆうめい》なクラシックの音楽家《おんがくか》の出身国《しゅっしんこく》としても有名《ゆうめい》。首都《しゅと》ウィーンは音楽《おんがく》の都《みやこ》と呼《よ》ばれ、ベートーヴェンなどほかの国《くに》の音楽家《おんがくか》が移《うつ》り住《す》むなど当時《とうじ》のヨーロッパの音楽《おんがく》の中心地《ちゅうしんち》となった。

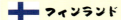

3章《しょう》

南北《なんぼく》アメリカ

ベネズエラ
ブラジル
パラグアイ
ペルー
アルゼンチン
赤道《せきどう》

南北《なんぼく》アメリカの地図《ちず》

トイレのドアのすきまが大《おお》きい！

日《に》本人《ほんじん》が海外旅行《かいがいりょこう》をして驚《おどろ》かされるのは、各国《かっこく》のトイレのようすでしょう。日本《にほん》と同《おな》じかそれ以上《いじょう》に栄《さか》えているアメリカでさえも、大《おお》きくちがうのです。

　アメリカのトイレも日本《にほん》のように小《ちい》さな部屋《へや》に分《わ》かれていますが、ドアの上下《じょうげ》が短《みじか》く、大《おお》きなすきまが空《あ》いてい

ます。日本人《にほんじん》なら絶対《ぜったい》に落《お》ち着《つ》いて用《よう》が足《た》せないトイレです。

特《とく》に空港《くうこう》や学校《がっこう》などの古《ふる》い建物《たてもの》のトイレはドアが小《ちい》さく、場所《ばしょ》によっては便器《べんき》に座《すわ》っている人《ひと》の大事《だいじ》な部分《ぶぶん》だけがかくされ、頭《あたま》と足元《あしもと》は外《そと》から丸見《まるみ》えになっています。立《た》ち上《あ》がると外《そと》の人《ひと》と目《め》が合《あ》ってしまうこともあるほどです。

それでもアメリカでは、男性《だんせい》も女性《じょせい》も気《き》にしません。オナラの音《おと》も、ドアが小《ちい》さいからトイレ内《ない》に響《ひび》きわたります。でも、音《おと》を消《け》すために水《みず》を流《なが》すなんてこともしません。それは自然《しぜん》の音《おと》ですから、かくす必要《ひつよう》があるとは思《おも》っていないのです。なぜアメリカでは、こんなデザインのトイレになったのでしょうか？

DATA

国名《こくめい》　アメリカ合衆国《がっしゅうこく》

首都《しゅと》　ワシントン D.C.

人口《じんこう》　約《やく》3億《おく》2700万人《まんにん》

国旗《こっき》

位置《いち》

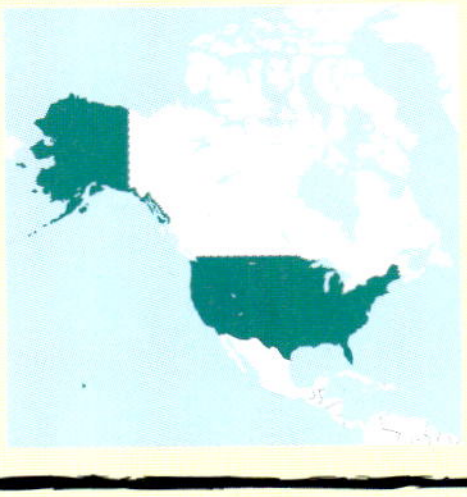

アメリカ

犯罪防止《はんざいぼうし》のアイデア！ いろんな人《ひと》が住《す》む国《くに》だから…

アメリカにはさまざまな民族《みんぞく》がたくさん住《す》んでいます。世界的《せかいてき》に有名《ゆうめい》なお金《かね》持《も》ちもいますしホームレスもいます。その中《なか》にはよい人《ひと》もいますが、悪《わる》い人《ひと》もいます。しかも、アメリカでは銃《じゅう》を持《も》つことが許《ゆる》されているので、悪《わる》い人《ひと》がする犯罪《はんざい》は、銃禁止《じゅうきんし》の日本《にほん》より大《おお》きな事件《じけん》になったりもします。

さて、なぜこんな丸見《まるみ》えトイレが作《つく》られたのかといえば、実《じつ》はアメリカの犯罪《はんざい》と深《ふか》く関係《かんけい》しています。ア

2人《ふたり》で入ってる！
悪《わる》いことしているのか！？

そうだったのか！

メリカではトイレでチカンが女性《じょせい》をおそう事件《じけん》がたくさん発生《はっせい》するので、それを防《ふせ》ぐため、外《そと》からでもわかるようこうなったのです。トイレの中《なか》をかくすより、悪《わる》いことを防《ふせ》ぐほうが大事《だいじ》だからです。

アメリカでは学校《がっこう》に悪《わる》い人《ひと》が押《お》し入《い》ってくる事件《じけん》もあります。そのときのため、子《こ》どもたちがトイレに避《ひ》難《なん》する練習《れんしゅう》をしますが、かくれていることがバレないように便座《べんざ》の上《うえ》に乗《の》るそうです。アメリカのトイレは、いろいろな社会《しゃかい》の問題《もんだい》をあらわしているのです。

もっと知《し》りたい アメリカ

今《いま》、アメリカで問題《もんだい》になっているのは、国《くに》の多《おお》くの人《ひと》が銃《じゅう》を持《も》っていることです。アメリカの法律《ほうりつ》では国《くに》の人《ひと》が銃《じゅう》を持《も》つのを許《ゆる》しているため、悪《わる》い人《ひと》が銃《じゅう》で起《お》こす事件《じけん》も、それに対《たい》して銃《じゅう》で自分《じぶん》を守《まも》ろうとすることもなくならないのです。でも、この法律《ほうりつ》は200年《ねん》以上前《いじょうまえ》に決《き》められたものなので、今《いま》の時代《じだい》に合《あ》うように取《と》り締《し》まりを強《つよ》くしたり、法律《ほうりつ》を見直《みなお》そうという意見《いけん》も多《おお》いのです。

銃《じゅう》を持《も》つための決《き》まりは州《しゅう》ごとにちがうが、許可証《きょかしょう》のいらない州《しゅう》もあるという。

メキシコ

ガイコツがおどる！明《あか》るすぎるお盆《ぼん》!!

お盆《ぼん》といえば、日本《にほん》では夏《なつ》に亡《な》くなった人《ひと》の霊《れい》が帰《かえ》ってくる時期《じき》のことです。夏休《なつやす》みに田舎《いなか》のおじいちゃん、おばあちゃんの家《いえ》に行《い》き、お墓《はか》参《まい》りをしたことがあると思《おも》います。

メキシコにも、亡《な》くなった人《ひと》が帰《かえ》ってくる「死者《ししゃ》の日《ひ》」という日《ひ》が11月《がつ》にありますが、お墓参《はかまい》りの方法《ほうほう》も、日本《にほん》とはまったくちがっています。教会《きょうかい》や広場《ひろば》など街《まち》のあらゆると

ころに祭《さい》だんが作《つく》られ、亡《な》くなった人《ひと》の写《しゃ》真《しん》、レモンやオレンジ、十字架《じゅうじか》、マリーゴールドの花《はな》、そしてカラフルなガイコツの置《お》き物《もの》で豪華《ごうか》にかざられます。街《まち》には屋台《やたい》が並《なら》び、ガイコツの仮装《かそう》をした人《ひと》たちが通《とお》りを歩《ある》き街《まち》はまるでハロウィンのようなお祭《まつ》りさわぎです。

お墓《はか》もマリーゴールドの花《はな》や十字架《じゅうじか》、ガイコツ、亡《な》くなった人《ひと》が好《す》きだった食《た》べ物《もの》・飲《の》み物《もの》でとにかく豪華《ごうか》にかざられます。そして、夜《よる》にはたくさんのロウソクに火《ひ》がつけられ、とても落《お》ち着《つ》いた空気《くうき》になります。日本《にほん》のお盆《ぼん》とはまったくちがうのには、どんな理由《りゆう》があるのでしょうか？

DATA

国名《こくめい》 メキシコ合衆国《がっしゅうこく》

首都《しゅと》 メキシコシティ

人口《じんこう》 約《やく》1億《おく》2619万人《まんにん》

国旗《こっき》

位置《いち》

亡《な》くなった人《ひと》と一緒《いっしょ》に楽《たの》しむお祭《まつ》り!!

2017年《ねん》には、アニメ映画《えいが》「リメンバー・ミー」にもこの「死者《ししゃ》の日《ひ》」が描《えが》かれ、日本《にほん》でも注目《ちゅうもく》されました。

このお祭《まつ》りの始《はじ》まりは約《やく》500年前《ねんまえ》にさかのぼります。メキシコは昔《むかし》、アステカ帝国《ていこく》という国《くに》が栄《さか》えていた場所《ばしょ》でした。このアステカ帝国《ていこく》の宗教《しゅうきょう》の神様《かみさま》「ミクトランシワトル」のお祭《まつ》りが夏《なつ》に行《おこな》われていました。ミクトランシワトルは死《し》の女神《めがみ》なので、「死者《ししゃ》の日《ひ》」にいたるところにガイコツが出《で》てくるのもそのためなのです。マリーゴールドの花《はな》は亡《な》くなった人《ひと》を向《む》こうから呼《よ》ぶ

おじいさんも
いっしょにたのしもうね

なるほどね〜

という意味《いみ》があります。その花《はな》に呼《よ》ばれてきた死者《ししゃ》たちと、同《おな》じ姿《すがた》（ガイコツ）で一緒《いっしょ》に語《かた》り合《あ》い、さわぎ、好《す》きだったお酒《さけ》や食《た》べ物《もの》で楽《たの》しむというのがメキシコ人《じん》の考《かんが》え方《かた》なのです。

そこでともに楽《たの》しんだ死者《ししゃ》は、この世《よ》にみれんを残《のこ》すことなく、またあの世《よ》に帰《かえ》っていくと考《かんが》えられています。日本《にほん》もあの世《よ》から霊《れい》が帰《かえ》ってくるという考《かんが》え方《かた》は同《おな》じですが、ともにさわいで楽《たの》しむというところが、ラテン系《けい》のメキシコ人《じん》をあらわしています。

もっと知《し》りたい
メキシコ

メキシコは、アステカ文明《ぶんめい》など多《おお》くの古代文《こだいぶん》明《めい》が栄《さか》えた場所《ばしょ》ですが、アステカ文明《ぶんめい》が栄《さか》えたあとは、ヨーロッパからやってきたスペイン人《じん》に支配《しはい》されました。それゆえ、もともとそこに住《す》んでいた先住民《せんじゅうみん》の文《ぶん》化《か》とヨーロッパの文化《ぶんか》が混《ま》ざり合《あ》っているのです。現在《げんざい》の住民《じゅうみん》はスペイン人《じん》と先住民《せんじゅうみん》の子《し》孫《そん》が主《おも》で、メスティソと呼《よ》ばれる彼《かれ》らは全人《ぜんじん》口《こう》の6割《わり》を占《し》めるといわれています。

伝統的《でんとうてき》な衣装《いしょう》でおどるメスティソの女性《じょせい》。

ペルー

クリスマスになぐり合《あ》う!!

アンデス山脈《さんみゃく》が南北《なんぼく》に通《とお》り抜《ぬ》けるペルーはキリスト教徒《きょうと》の多《おお》い国《くに》です。しかし、そんなペルーでのクリスマスの過《す》ごし方《かた》は、キリスト教《きょう》を信《しん》じるほかの国《くに》とはちょっと、いや、かなりちがっています。

アンデス山脈《さんみゃく》にあるクスコ州《しゅう》では、クリスマスになると「タカナクイ」という

ビシッ
ビシッ
レッツファイッ
ズドゥ
ワー
アリエナイ!

ふしぎなお祭《まつ》りが開《ひら》かれているのです。

毎年《まいとし》クリスマスが近《ちか》づくと、町《まち》ではみんなが歌《うた》ったりお酒《さけ》を飲《の》んだりして、お祭《まつ》り気分《きぶん》が盛《も》り上《あ》がります。そして12月《がつ》25日《にち》になると、町《まち》の人《ひと》たちは教会《きょうかい》にお祈《いの》りに行《い》くのではなく、タカナクイの会場《かいじょう》に集《あつ》まります。そこでは、その一年《いちねん》の間《あいだ》にトラブルがあった人《ひと》たち同士《どうし》が、殴《なぐ》り合《あ》いのけんかをするのです。

タカナクイでは家族《かぞく》の中《なか》でのいざこざや、恋人《こいびと》をめぐっての争《あらそ》い、仕事《しごと》についての意見《いけん》のぶつかり合《あ》い、土地《とち》の取《と》り合《あ》いなどさまざまな問題《もんだい》でいがみ合《あ》っていた人《ひと》たちが、一対一《たい》で殴《なぐ》り合《あ》って戦《たたか》います。いったいどうしてこんな乱暴《らんぼう》な祭《まつ》りが続《つづ》いているのでしょうか？

DATA

国名《こくめい》	ペルー共和国《きょうわこく》
首都《しゅと》	リマ
人口《じんこう》	約《やく》3199万人《まんにん》
国旗《こっき》	
位置《いち》	

一年《いちねん》のモヤモヤを吹《ふ》き飛《と》ばして仲良《なかよ》くなる！

さて、タカナクイで町《まち》の人《ひと》たちは殴《なぐ》り合《あ》いをしますが、実《じつ》はきちんとルールが決《き》められています。パンチとキック以外《いがい》は認《みと》められていません。

戦《たたか》いはムチを持《も》ったレフェリー役《やく》の人《ひと》たちがしっかり見張《みは》っていて、かみついたり髪《かみ》の毛《け》をつかんだりするのは許《ゆる》されません。一度《いちど》どちらかが倒《たお》れれば戦《たたか》いはそれで終《お》わりですし、戦《たたか》う時間《じかん》も短《みじか》く決《き》められているので、勝《か》ち負《ま》けがはっきり決《き》まるよりも引《ひ》き分《わ》けになるこ

の中《なか》が
くてのめねー
パンチ
もってんじゃん
そうだったのか！

とのほうが多《おお》いのです。

タカナクイで大切《たいせつ》なことは、殴《なぐ》り合《あ》って勝《か》ち負《ま》けを決《き》めることではなく、お互《たが》いが持《も》っているモヤモヤした気持《きも》ちを殴《なぐ》り合《あ》いで発散《はっさん》して、次《つぎ》の年《とし》に引《ひ》きずらないようにすることです。なので、殴《なぐ》り合《あ》ったあとはどちらもすっきりした気持《きも》ちになり、憎《にく》み合《あ》うのではなく、お互《たが》いが心《こころ》を開《ひら》いて逆《ぎゃく》に仲良《なかよ》くなるといいます。

そのうえで、お互《たが》いが抱《かか》えていた問題《もんだい》は殴《なぐ》り合《あ》いの勝《か》ち負《ま》けとは関係《かんけい》なく、あらためてじっくりと話《はな》し合《あ》って解決《かいけつ》することになるのです。

もっと知《し》りたい ペルー

南北《なんぼく》にアンデス山脈《さんみゃく》が通《とお》り、けわしい地形《ちけい》の多《おお》いペルー。このペルーで世界遺産《せかいいさん》になっているのが空中都市《くうちゅうとし》マチュ・ピチュです。1400年《ねん》ごろにこの地《ち》に栄《さか》えたインカ帝国《ていこく》の古代都市《こだいとし》で、標高《ひょうこう》2280メートルの場所《ばしょ》に畑《はたけ》や神殿《しんでん》、宮殿《きゅうでん》などが築《きず》かれています。しかし、この都市《とし》は、誰《だれ》がなぜこのような高《たか》い場所《ばしょ》にこんな都市《とし》を作《つく》ったのか不明《ふめい》で、今《いま》でも調査《ちょうさ》が続《つづ》けられています。

真《ま》ん中《なか》の街《まち》がマチュ・ピチュ。インカ帝国《ていこく》の首都《しゅと》はここよりさらに高《たか》い3400メートルの場所《ばしょ》にあった。

ブラジル

選挙《せんきょ》に行かなきゃお金《かね》を取《と》られる!!

ブラジルは、南《みなみ》アメリカ大陸《たいりく》で一番大《いちばんおお》きい国《くに》で、サッカーが強《つよ》いことで有名《ゆうめい》です。また、お金持《かねも》ちもいますが、スラム街《がい》と呼《よ》ばれる貧乏《びんぼう》な人《ひと》たちの住《す》む街《まち》もあります。しかし、このスラム街《がい》でサッカーを練習《れんしゅう》し、プロにまでなった選手《せんしゅ》もいます。

そんなお金持《かねも》ちから貧乏《びんぼう》な人《ひと》までさまざまな人《ひと》がいるブラジルは選挙《せんきょ》がとてもきびしいことで有名《ゆうめい》です。日本《にほん》では18歳以上《さいいじょう》の人《ひと》に選挙《せんきょ》

で投票《とうひょう》できる権利《けんり》が与《あた》えられていますが、投票《とうひょう》に行《い》かなかったとしても特《とく》にばつはありません。

　ブラジルはちがいます。ブラジルでは、仕事《しごと》や病気《びょうき》などきちんとした理由《りゆう》がないのに投票《とうひょう》に行《い》かなかった人《ひと》は、日本円《にほんえん》にして約《やく》1100円《えん》のばっ金《きん》があります。そして、これを3回《かい》繰《く》り返《かえ》すと、身分証《みぶんしょう》やパスポートを作《つく》ってもらえなくなったり、銀《ぎん》行《こう》でお金《かね》を借《か》りられなくなったりしてしまいます。たしかに選《せん》挙《きょ》は大事《だいじ》ですが、なぜここまできびしく投票《とうひょう》させようとするのでしょうか？

DATA

国名《こくめい》 ブラジル連邦共和国《れんぼうきょうわこく》

首都《しゅと》 ブラジリア

人口《じんこう》 約《やく》2億《おく》947万人《まんにん》

国旗《こっき》

位置《いち》

お金持《かねも》ちも貧乏《びんぼう》な人《ひと》もみんなで国《くに》のことを考《かんが》えよう！

日《に》本《ほん》では選挙《せんきょ》は「権利《けんり》」、つまり投票《とうひょう》するのもしないのも国民《こくみん》の自由《じゆう》、という考《かんが》えなのですが、ブラジルでは選《せん》挙《きょ》を「義務《ぎむ》」、つまり国民《こくみん》が必《かなら》ずしなければいけないことと考《かんが》えています。

ブラジルには日本以上《にほんいじょう》にさまざまな人《ひと》が住《す》んでいます。お金持《かねも》ちか貧乏《びんぼう》かのちがいだけではありません。アマゾンの奥《おく》地《ち》に住《す》む部族《ぶぞく》もブラジル国民《こくみん》の一員《いちいん》です。こうした人《ひと》たち全《ぜん》員《いん》で国《くに》のことを考《かんが》えるため、ブラジルでは選挙《せんきょ》を義務《ぎむ》にして

国《くに》のことは
みんなで考《かんが》えよう

いるのです。

そのため、投票《とうひょう》に来《こ》られない理由《りゆう》を国《くに》が解決《かいけつ》します。たとえば、スラム街《がい》に住《す》む貧乏《びんぼう》な人《ひと》のお金《かね》がなくて投票《とうひょう》所《じょ》まで行《い》けないという理由《りゆう》は、投票所《とうひょうじょ》まで無料《むりょう》の送迎《そうげい》バスを出《だ》すことで解決《かいけつ》します。また、十分《じゅうぶん》な教育《きょういく》が受《う》けられなく文字《もじ》が読《よ》めない人《ひと》もいます。その人《ひと》たちのために、投票画面《とうひょうがめん》には立候補者《りっこうほしゃ》の顔写真《かおじゃしん》がついており、文字《もじ》が読《よ》めなくても投票《とうひょう》できるようになっています。

こうした国《くに》の努力《どりょく》によって、ブラジルでは投票率《とうひょうりつ》も約《やく》80%（日本《にほん》は50%）と高《たか》い数字《すうじ》を保《たも》っているのです。

もっと知《し》りたい ブラジル

アマゾンに住《す》んでいるのは部族《ぶぞく》だけではありません。実《じつ》にさまざまな生《い》き物《もの》たちが暮《く》らしています。中《なか》には、大《おお》きなヘビ・アナコンダや、人食《ひとく》い魚《うお》・ピラニアなど危険《きけん》な生《い》き物《もの》もいます。しかし、こうした生《い》き物《もの》たちも人間《にんげん》の自然破壊《しぜんはかい》により住《す》み家《か》である熱帯雨林《ねったいうりん》をどんどんなくしています。さらに2019年《ねん》の9月《がつ》には大規模《だいきぼ》な火災《かさい》があり、青森県《あおもりけん》ほどの面積《めんせき》の森《もり》が焼《や》けてしまったといいます。

アマゾンの熱帯雨林《ねったいうりん》には何百万種《なんびゃくまんしゅ》という生物《せいぶつ》がいるといわれる。

パラグアイ

集《あつ》まってひとつのカップで回《まわ》し飲《の》み！

パラグアイは、南《みなみ》アメリカ大陸《たいりく》のほぼ中央《ちゅうおう》にあり、ブラジルとアルゼンチンという大《おお》きな国《くに》にはさまれた小《ちい》さな国《くに》です。

パラグアイは暑《あつ》いため、国民《こくみん》はみんな冷《つめ》たいお茶《ちゃ》が大《だい》好《す》きです。マテというお茶《ちゃ》の葉《は》に冷《つめ》たい氷水《こおりみず》をついだテレレを大《おお》きな水筒《すいとう》に入《い》れて持《も》ち歩《ある》きます。そして、友達《ともだち》と集《あつ》まって、木《こ》かげでこのマテ茶《ちゃ》を一緒《いっしょ》に飲《の》むのです。

ここまではふつうですが、パラグアイではひとつの

みんなで
一《ひと》つのカップで
いーの？
アリエナイ！？

カップ、あるいはひとつのストローで回《まわ》し飲《の》みするのです。まず一人《ひとり》のカップにお茶《ちゃ》をつぎ、その人《ひと》が飲《の》み干《ほ》します。そして、そのカップを次《つぎ》の人《ひと》に回《まわ》し、次《つぎ》の人《ひと》もお茶《ちゃ》をついでもらい飲《の》み干《ほ》します。これを繰《く》り返《かえ》します。ここで、飲《の》み干《ほ》さずに次《つぎ》の人《ひと》に回《まわ》すのはダメです。必《かなら》ず、飲《の》み干《ほ》してから次《つぎ》の人《ひと》にわたします。

ふしぎですね。日本《にほん》では、回《まわ》し飲《の》みをする人《ひと》はほとんどいません。なぜパラグアイでは、このような変《か》わった飲《の》み方《かた》をするのでしょうか？

DATA

国名《こくめい》 パラグアイ共和国《きょうわこく》

首都《しゅと》 アスンシオン

人口《じんこう》 約《やく》696万人《まんにん》

国旗《こっき》

位置《いち》

回《まわ》し飲《の》みは仲《なか》間《ま》との団《だん》らんのあかし！

パラグアイでは、友達《ともだち》や家族《かぞく》といるときに一人《ひとり》でお茶《ちゃ》を飲《の》むようなことはありません。一人《ひとり》でお茶《ちゃ》を飲《の》んでいたら「なんで一緒《いっしょ》に飲《の》まないんだ」とつめ寄《よ》られるかもしれません。

それくらいパラグアイでは、みんなでお茶《ちゃ》を飲《の》むということを大事《だいじ》にしているのです。

それはこのことが仲間《なかま》たちとの団《だん》らんの印《しるし》だからです。同《おな》じ器《うつわ》で同《おな》じものを飲《の》むことが仲間《なかま》のあかしというのは、日本《にほん》でも昔《むかし》の時代劇《じだいげき》などで、たまに見《み》ることがあるシーンです。

そうなのね

そうだったのか!

とはいえ、カップは何度《なんど》も回《まわ》ってきます。そのときにもう飲《の》めなかったら、飲《の》み干《ほ》したあとに、お茶《ちゃ》をついでくれる人《ひと》に「グラシアス（ありがとう）」と言《い》って返《かえ》せば、もうお茶《ちゃ》は回《まわ》ってきません。日本《にほん》も緑茶《りょくちゃ》やウーロン茶《ちゃ》などさまざまなお茶《ちゃ》を飲《の》むお茶《ちゃ》好《ず》きな国民《こくみん》ですが、パラグアイの飲《の》み方《かた》には、ただお茶《ちゃ》を楽《たの》しむだけではない、それを通《とお》して周《まわ》りの人《ひと》とよい時間《じかん》を過《す》ごすという目的《もくてき》があったのです。

オレたち
友《とも》だちだもんな
オウ
友《とも》だち
だもんね

もっと知《し》りたい パラグアイ

変《か》わったお茶《ちゃ》の飲《の》み方《かた》をするパラグアイ。実《じつ》は国旗《こっき》も変《か》わっています。パラグアイの国旗《こっき》には裏表《うらおもて》があるのです。国旗《こっき》は、赤《あか》、白《しろ》、青《あお》の3色《しょく》の横《よこ》じまの真《ま》ん中《なか》にマークがあります。表《おもて》はこのマークが「星《ほし》とオリーブとヤシの木《き》」でこれは国《くに》のマークです。裏《うら》は「ライオンとぼうし」でこれは国《くに》の金庫《きんこ》のマークです。表《おもて》と裏《うら》で国旗《こっき》のデザインがちがう国《くに》は世界《せかい》でも珍《めずら》しく、完全《かんぜん》にちがっているのはパラグアイだけです。

パラグアイの国旗《こっき》の裏側《うらがわ》。

年末《ねんまつ》の風物詩《ふうぶつし》！ビルから舞《ま》う紙吹雪《かみふぶき》!!

南《みなみ》アメリカの南側《みなみがわ》にあるアルゼンチンは、南《みなみ》アメリカではブラジルの次《つぎ》に大《おお》きな国《くに》です。音楽《おんがく》がとても盛《さか》んで、アルゼンチンからはタンゴと呼《よ》ばれる音楽《おんがく》が生《う》まれ、日本《にほん》を含《ふく》む世界中《せかいじゅう》で愛《あい》されています。

そんなアルゼンチンの首都《しゅと》であるブエノスアイレスでは、オフィスなどでの一年《いちねん》の仕事《しごと》が終《お》わる12月《がつ》28日《にち》～31日《にち》にかけて、あるものでビル

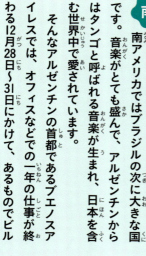

街《がい》が真《ま》っ白《しろ》になるといいます。雪《ゆき》ではありません。

それは紙吹雪《かみふぶき》です。それまで会社《かいしゃ》で仕《し》事《ごと》をしていた人《ひと》たちが、仕事《しごと》の終《お》わる時《じ》間《かん》が近《ちか》づくと紙《かみ》を細《こま》かく切《き》ったり破《やぶ》いたりして紙吹雪《かみふぶき》を作《つく》り、それを街中《まちじゅう》のビルから外《そと》にまき散《ち》らすのです。その紙吹雪《かみふぶき》の量《りょう》は、多《おお》いときには全部《ぜんぶ》で１００トンにもなるといいます。

今《いま》では年末《ねんまつ》のブエノスアイレスの伝統《でんとう》的《てき》な行事《ぎょうじ》のようになっている紙《かみ》吹雪《ふぶき》。ブエノスアイレスの人《ひと》たちは、いったいなぜそんなことをするのでしょうか。そして紙《かみ》吹雪《ふぶき》に使《つか》われるたくさんの紙《かみ》は、どうやって用意《ようい》されているのでしょうか？

DATA

国名《こくめい》 アルゼンチン共和国《きょうわこく》

首都《しゅと》 ブエノスアイレス

人口《じんこう》 約《やく》4449万人《まんにん》

国旗《こっき》

位置《いち》

アルゼンチン

もう使《つか》わない書類《しょるい》を細《こま》かくして一年《いちねん》を忘《わす》れよう!!

ブエノスアイレスの人《ひと》たちがビルからまき散《ち》らしている紙吹雪《かみふぶき》の材料《ざいりょう》は、実《じつ》はそれまで仕事《しごと》で使《つか》っていた書類《しょるい》です。もちろん、残《のこ》しておかなければならない大切《たいせつ》な書類《しょるい》などではなく、もう使《つか》わなくなった書類《しょるい》です。

会社《かいしゃ》の人《ひと》たちは年末《ねんまつ》になるとその書類《しょるい》を切《き》ったり破《やぶ》いたりして、紙吹雪《かみふぶき》にしているのです。そうすることで一《いち》年《ねん》を忘《わす》れてストレスを発散《はっさん》し、新《あたら》しい年《とし》に向《む》けて気持《きも》ちを切《き》り替《か》えているといいます。ただし、掃除《そうじ》をする人《ひと》は

一年《いちねん》のストレス
はっさんじゃ〜
ガガ
ガガ

なるほどね〜

とても大変《たいへん》そうですね。

アルゼンチンの人《ひと》たちはもともとサッカーの試合《しあい》のときに紙吹雪《かみふぶき》をまいていて、年末《ねんまつ》の紙吹雪《かみふぶき》はそこからきているといわれます。また大《おお》みそかには花火《はなび》を打《う》ち上《あ》げたり紙風船《かみふうせん》を空《そら》に飛《と》ばしたりして、一年《いちねん》の終《お》わりと新《あたら》しい年《とし》のスタートをお祝《いわ》いします。

そうやってとても盛《も》り上《あ》がる年末《ねんまつ》ですが、アルゼンチンでは日本《にほん》のようにお正月《しょうがつ》をゆっくり過《す》ごすことはなく、1月《がつ》2日《か》か3日《か》にはもう仕事《しごと》を始《はじ》めるのだそうです。

もっと紙《かみ》を
もってこーい！
めんどくせぇ
ちぎってやる！
ビリビリビリ

もっと知《し》りたい アルゼンチン

アルゼンチンは都会《とかい》もありますが、国土《こくど》の多《おお》くは自然《しぜん》が豊《ゆた》かな国《くに》です。中《なか》でもブラジルとの国境《こっきょう》付近《ふきん》にある「イグアスの滝《たき》」はアメリカのナイアガラの滝《たき》、アフリカのヴィクトリアの滝《たき》と世界三大《せかいさんだい》ばくふ（滝《たき》のこと）に数《かぞ》えられます。なかでも落差《らくさ》80 mもある一番大《いちばんおお》きな滝《たき》は、岩《いわ》に打《う》ちつけられた水《みず》の音《おと》が悪魔《あくま》のうなり声《ごえ》のように聞《き》こえることから「悪魔《あくま》ののどぶえ」と呼《よ》ばれています。

「イグアス」というのはこの地《ち》の先住民《せんじゅうみん》の言葉《ことば》で「大《おお》いなる水《みず》」という意味《いみ》。

ベネズエラ

きれいな女《おんな》の人《ひと》がものすごく多《おお》い！

たびたびテレビで放送《ほうそう》され話題《わだい》になるのが、世界中《せかいじゅう》で開《ひら》かれている美人《びじん》コンテスト（ミス・コンテスト）です。美人《びじん》といっても、実際《じっさい》は、どんな考《かんが》えを持《も》っているかなど中身《なかみ》も合《あ》わせて評価《ひょうか》されるそうです。

　コンテストには、世界《せかい》3大《だい》ミスコンと呼《よ》ばれる「ミス・ユニバース」「ミス・イ

ンターナショナル」「ミス・ワールド」がありますが、そこで何度《なんど》も優勝者《ゆうしょうしゃ》を出《だ》している国《くに》があります。南《みなみ》アメリカの北部《ほくぶ》にあるベネズエラ・ボリバル共和国《きょうわこく》です。

ベネズエラは、あまりお金《かね》がなく、石油《せきゆ》などの資源《しげん》もありません。そのため国《くに》全体《ぜんたい》が危険《きけん》な場所《ばしょ》になっていて、殺人事件《さつじんじけん》も多《おお》く起《お》きています。多《おお》くの人《ひと》がとなりの国《くに》に逃《に》げ出《だ》したりしているほどです。

しかし、世界的《せかいてき》に有名《ゆうめい》なモデルなどの美人《びじん》が多《おお》く生《う》まれてもいます。ベネズエラは、もともと、いろんな国《くに》の人たちが移《うつ》り住《す》んだ国《くに》なので、たくさんの人種《じんしゅ》のよいところを受《う》けついだ美人《びじん》が生《う》まれると言《い》われているのです。

DATA

国名《こくめい》 ベネズエラ・ボリバル共和国《きょうわこく》

首都《しゅと》 カラカス

人口《じんこう》 約《やく》2753万人《まんにん》

国旗《こっき》

位置《いち》

ベネズエラ

国《くに》をあげて美人《びじん》を育《そだ》てる！

ベネズエラから美人《びじん》がたくさん出《で》るのにはほかにも理由《りゆう》があります。実《じつ》は50年《ねん》以上《いじょう》も前《まえ》、国《くに》の考《かんが》えで、モデルなどを育《そだ》てる養成学《ようせいがっ》校《こう》がたくさん作《つく》られたのです。今《いま》では女子《じょし》の8割《わり》がここに入学《にゅうがく》するようになり、また小中学校《しょうちゅうがっこう》で美人《びじん》コンテストが開《ひら》かれるので、子《こ》どものころから美人《びじん》について考《かんが》えるように教育《きょういく》を行《おこな》ったのです。

これは、あまり評判《ひょうばん》のよくなかったベネズエラに、観光《かんこう》する人《ひと》を増《ふ》

やすためでした。この美人《びじん》を国《くに》の名物《めいぶつ》にする作戦《さくせん》は、みごとに成功《せいこう》。コンテストでもたくさんの優勝者《ゆうしょうしゃ》を出《だ》し、世界中《せかいじゅう》からベネズエラは「美人《びじん》の国《くに》」と思《おも》われるようになったのです。

今《いま》では、より美人《びじん》になるための美容整形《びようせいけい》も当《あ》たり前《まえ》になっていて、子《こ》どもの手術代《しゅじゅつだい》を親《おや》がプレゼントすることもあるそうです。

美人《びじん》には、国《くに》によってさまざまな考《かんが》え方《かた》があるでしょうが、アイデアひとつで、国《くに》をよくすることができるという例《れい》になっています。

もっと知《し》りたい ベネズエラ

ベネズエラの北西《ほくせい》にあるマラカイボ湖《こ》では、1年《ねん》のうちの300日《にち》ほど、10時間近《じかんちか》くにもわたって雷《かみなり》が光《ひか》り続《つづ》け、嵐《あらし》の季節《きせつ》になると1分間《ぷんかん》で平均《へいきん》28回《かい》も落雷《らくらい》が起《お》きる現象《げんしょう》が起《お》きます。これは湖《みずうみ》に流《なが》れこむ川《かわ》の名前《なまえ》から「カタトゥンボの雷《かみなり》」として知《し》られています。この大量《たいりょう》の雷《かみなり》が、嵐《あらし》を呼《よ》ぶ雷雲《らいうん》が作《つく》られやすい地域《ちいき》の地形《ちけい》のために発生《はっせい》するとわかってきたのは、つい最近《さいきん》のことです。

稲妻《いなづま》の世界最多記録《せかいさいたきろく》としてギネスブックにも登録《とうろく》されている。

cc Thechemicalengineer 2008
https://ja.wikipedia.org/wiki/%E3%82%AB%E3%82%BF%E3%83%88%E3%82%A5%E3%83%B3%E3%83%9C%E3%81%AE%E9%9B%B7#/media/%E3%83%95%E3%82%A1%E3%82%A4%E3%83%AB:Catatumbolightning.jpg

もっと知《し》りたい 南北《なんぼく》アメリカの国々《くにぐに》

カナダ

【人口《じんこう》】3724万人《まんにん》
【首都《しゅと》】オタワ

世界《せかい》で2番目《ばんめ》の広《ひろ》さで、日本《にほん》の27倍《ばい》も大《おお》きい。そんな広《ひろ》い土地《とち》に日本《にほん》よりもずっと少《すく》ない人口《じんこう》しか住《す》んでいないので、多《おお》くの自然《しぜん》が残《のこ》っていて、ロッキー山脈《さんみゃく》やナイアガラの滝《たき》などには、世界中《せかいじゅう》からたくさんの人《ひと》たちが見物《けんぶつ》に来《き》ている。いろいろな国《くに》から来《き》た人《ひと》たちが住《す》んでいるので、英語《えいご》だけではなくフランス語《ご》を話《はな》すところもある。

キューバ

【人口《じんこう》】1148万人《まんにん》
【首都《しゅと》】ハバナ

カリブ海《かい》に浮《う》かぶたくさんの島々《しまじま》からなる。昔《むかし》はスペインに支配《しはい》されていたので、古《ふる》いヨーロッパ風《ふう》の美《うつく》しい建物《たてもの》が多《おお》く、それらは世界遺産《せかいいさん》になっている。キューバにもともと住《す》んでいた人《ひと》たちはスペイン人《じん》に無理《むり》やり働《はたら》かされるなどで死《し》んでしまい、そのあとに奴隷《どれい》としてアフリカから送《おく》られてきた黒人《こくじん》が多《おお》い。音楽《おんがく》がとても盛《さか》んな国《くに》。

チリ

【人口《じんこう》】1873万人《まんにん》
【首都《しゅと》】サンティアゴ

南北《なんぼく》に細長《ほそなが》い国《くに》で、その長《なが》さは4300kmもあり、南《みなみ》と北《きた》では気候《きこう》がかなりちがっている。砂漠《さばく》がある北部《ほくぶ》は暑《あつ》く、南極《なんきょく》に近《ちか》い南部《なんぶ》は寒《さむ》い。中部《ちゅうぶ》はおだやかな気候《きこう》で、ここで作《つく》られる安《やす》くておいしいワインは日本《にほん》にもたくさん入《はい》ってきている（本場《ほんば》フランスのワインよりも多《おお》い）。イースター島《とう》はふしぎな石像《せきぞう》「モアイ」があることで有名《ゆうめい》。

コロンビア

【人口《じんこう》】4965万人《まんにん》
【首都《しゅと》】ボゴタ

コーヒーの産地《さんち》として世界《せかい》で3番目《ばんめ》の国《くに》だが、実《じつ》はコーヒーよりも石油《せきゆ》や石炭《せきたん》のほうがたくさん外国《がいこく》に売《う》れている。切《き》り花《ばな》も世界《せかい》で一《いち》番多《ばんおお》く作《つく》られていて、エメラルドも世界《せかい》で一番多《いちばんおお》くとれる。また、コーヒー農園《のうえん》の美《うつく》しい景色《けしき》や港町《みなとまち》カルタヘナにある昔《むかし》の建物《たてもの》が世界遺産《せかいいさん》になっているなど、世界《せかい》に自慢《じまん》できるものがたくさんある国《くに》。

4章《しょう》 アフリカ

アフリカの地図《ちず》

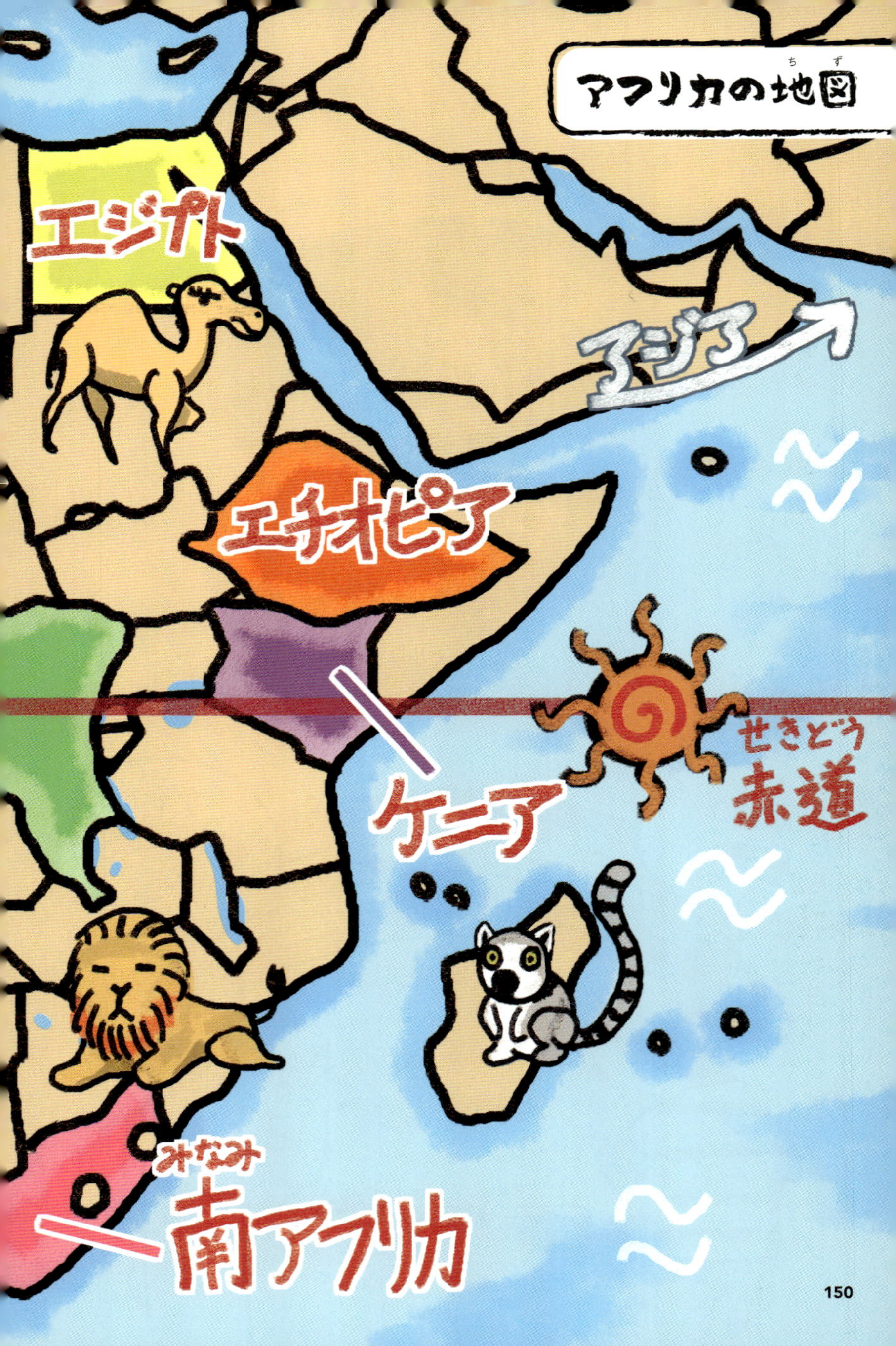
エジプト
アジア
エチオピア
ケニア
赤道《せきどう》
南《みなみ》アフリカ

ヨーロッパ
モーリタニア
ガーナ
リベリア
コンゴ民主共和国《みんしゅきょうわこく》

ウンコをしてもお尻《しり》をふかない！

ピラミッドで有名《ゆうめい》なエジプトは、アフリカ大陸《たいりく》の北東《ほくとう》にあります。中国《ちゅうごく》と同《おな》じく、世界《せかい》で最初《さいしょ》に始《はじ》まった文明《ぶんめい》のひとつで、たいへん歴史《れきし》のある国《くに》です。場所《ばしょ》としては、アラブやイランなどイスラム系《けい》の国《くに》に近《ちか》いです。イスラム系《けい》の国《くに》とアフリカをつなぐ玄関口《げんかんぐち》と

なっているため、イスラム系《けい》の国《くに》の影響《えいきょう》が強《つよ》い国《くに》です。

　そんなエジプトのトイレにもイスラム文化《ぶんか》の影響《えいきょう》が見《み》られます。なんとエジプトの人《ひと》はお尻《しり》をふかないのです。イスラム系《けい》の国《くに》ではおなじみなのですが、観光客用《かんこうきゃくよう》のトイレを除《のぞ》き基本的《きほんてき》にトイレットペーパーはありません。その代《か》わりに、便《べん》器《き》の横《よこ》にシャワーがついており、用《よう》をたしたあとは、水《みず》できれいに流《なが》すのです。

　日本《にほん》にもウォシュレットがついているトイレは多《おお》いですが、日本《にほん》人《じん》は水《みず》で流《なが》したあとに紙《かみ》でお尻《しり》をふきます。しかし、エジプトの人《ひと》は用《よう》をたしたあと基本的《きほんてき》にシャワーで流《なが》してそのままなのです。

DATA

国名《こくめい》	エジプト・アラブ共和国《きょうわこく》
首都《しゅと》	カイロ
人口《じんこう》	約《やく》9842万人《まんにん》

国旗《こっき》

位置《いち》

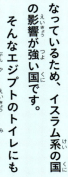

エジプト

暑《あつ》くてかわいているからお尻《しり》もすぐかわく！

実《じつ》はエジプト人《じん》がお尻《しり》をふかないのは、イスラム系《けい》の国《くに》の影響《えいきょう》だけではなく、エジプトの気候《きこう》が関係《かんけい》しているのです。

エジプトは多《おお》くの人《ひと》がイメージするように一年《いちねん》を通《とお》して気温《きおん》が高《たか》く、とても暑《あつ》い国《くに》です。ただし、日本《にほん》の夏《なつ》のようなジメジメとした暑《あつ》さではなく、湿度《しつど》の低《ひく》いカラッとした暑《あつ》さです。そのため、多少《たしょう》お尻《しり》がぬれていたとしてもすぐにかわいてしまいます。

このようなトイレの仕方《しかた》であるため、水洗《すいせん》トイレでも、トイレットペーパーが流《なが》れるようにはなっておら

ず、流《なが》すとすぐにつまってしまいます。そのためトイレットペーパーがついている観光客用《かんこうきゃくよう》トイレでも、お尻《しり》を流《なが》したあとにふいて、トイレ内《ない》にあるゴミ箱《ばこ》に捨《す》てるようにします。また、砂《すな》や石《いし》をポケットに入《い》れておいて、トイレットペーパーの代《か》わりにする地域《ちいき》もあるようです。日本《にほん》とはまったく異《こと》なるトイレ事情《じじょう》ですが、もしエジプトに旅行《りょこう》に行《い》ってトイレットペーパーがなくても、こうした理由《りゆう》を知《し》っていれば驚《おどろ》きませんね。

もっと知《し》りたい
エジプト

水《みず》といえば、エジプトを流《なが》れる大《おお》きな川《かわ》、ナイル川《がわ》。このナイル川《がわ》の近《ちか》くに、エジプト文明《ぶんめい》が開《ひら》かれました。ナイル川《がわ》は一年《いちねん》のある時期《じき》に水《みず》があふれて大地《だいち》を水《みず》びたしにします。しかし、その水《みず》が引《ひ》いたあとには、川《かわ》が運《はこ》んできた栄《えい》養豊富《ようほうふ》な土《つち》が残《のこ》されており、そこに小麦《こむぎ》などを植《う》えると育《そだ》ちがよかったといいます。このはんらんのおかげで、エジプトには文明《ぶんめい》が栄《さか》えたといわれています。

ナイル川《がわ》が運《はこ》んだ栄養豊富《えいようほうふ》な土《つち》をギリシャの歴史家《れきしか》・ヘロドトスは「ナイルのたまもの」と呼《よ》んだ。

ぽっちゃり女子《じょし》がめちゃくちゃモテる!!

アフリカの北西《ほくせい》にあり、大西洋《たいせいよう》に面《めん》したモーリタニアは、たくさんの種類《しゅるい》の動《どう》物《ぶつ》や鳥《とり》、魚《さかな》がいる海岸線《かいがんせん》と、古《ふる》い都市《とし》の遺《い》跡《せき》があるサハラ砂漠《さばく》を持《も》つ、豊《ゆた》かな歴史《れきし》の国《くに》です。モーリタニアに住《す》んでいる男性《だんせい》に「好《この》みの女性《じょせい》は?」と聞《き》くと面白《おもしろ》い答《こた》えが返《かえ》ってきます。それは決《き》まって「太《ふと》った女《じょ》性《せい》!」という返事《へんじ》。モーリタニアとその周《まわ》

いいな
ワタシももっと太《ふと》らないと
それマジ!?

りの地域《ちいき》では、ぽっちゃり女子《じょし》ほど、うらやましがられ、めちゃくちゃモテるのです。

アメリカやヨーロッパ、日本《にほん》では、スリムな女性《じょせい》がカッコいいとされ、女《おんな》の子《こ》はみんなダイエットに一生《いっしょう》けん命《めい》ですが、モーリタニアではまったく逆《ぎゃく》。結婚《けっこん》したあとも、ほとんど動《うご》かず、たくさん食《た》べてどんどん太《ふと》ることが女性《じょせい》の自慢《じまん》のスタイルなのだそうです。

しかし国《くに》が調《しら》べると、モーリタニアの女《おんな》の人《ひと》の10人《にん》に4人《にん》が標準《ひょうじゅん》体重《たいじゅう》をオーバーしており、体重《たいじゅう》100キロから150キロまでの女性《じょせい》が多《おお》かったそうで、太《ふと》りすぎの健康問題《けんこうもんだい》にもなっているのです。

DATA

国名《こくめい》 モーリタニア・イスラム共和国《きょうわこく》

首都《しゅと》 ヌアクショット

人口《じんこう》 約《やく》430万人《まんにん》

国旗《こっき》

位置《いち》

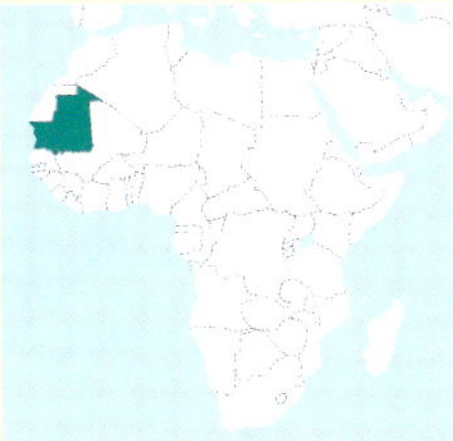

キミはボクの太陽《たいよう》だ
どうしよう
結婚《けっこん》してくれ

モーリタニア

ぽっちゃり妻《づま》はお金持《かねも》ちのあかし！

もともと太《ふと》った女性《じょせい》が美《うつく》しいという考《かんが》えは、モーリタニアとその周《まわ》りの地域《ちいき》で暮《く》らす、土地《とち》を移《うつ》りながら家畜《かちく》を飼《か》う人《ひと》たちの文化《ぶんか》だったようです。きびしい砂漠《さばく》の生活《せいかつ》では、奥《おく》さんが太《ふと》っているのはお金持《かねも》ちのあかし。結婚前《けっこんまえ》の女《おんな》の子《こ》も太《ふと》っていないと、たくさん食《た》べることができないダメな家《いえ》の娘《むすめ》と見《み》られてしまったそうです。昔《むかし》から「女性《じょせい》の心《こころ》の大《おお》きさは、女性《じょせい》のからだの大《おお》きさと同《おな》じ」ということわざがあったり、太《ふと》った女《おんな》

の人《ひと》をほめる歌《うた》が伝《つた》わっていたのです。

ですからモーリタニアでは、子《こ》どものころから栄養《えいよう》をたくさんふくんでいるラクダのミルクを何《なん》リットルも飲《の》み胃《い》を大《おお》きくし、ぽっちゃり女子《じょし》になれるようにするガバージュと呼《よ》ばれるしきたりがありました。今《いま》は、こうしたしきたりは大《おお》きな街《まち》ではあまり見《み》られませんが、田舎《いなか》ではまだ多《おお》くの家《いえ》で続《つづ》いているそうです。

健康的《けんこうてき》なのが美人《びじん》だと感《かん》じるのは、限《かぎ》られた国《くに》の話《はなし》なのです。

もっと知《し》りたい モーリタニア

大西洋《たいせいよう》に面《めん》しているモーリタニアでは漁業《ぎょぎょう》も盛《さか》ん。その中《なか》で、一番値段《いちばんねだん》の高《たか》い魚介類《ぎょかいるい》がタコです。でもモーリタニア人《じん》はタコを気味悪《きみわる》がって食《た》べません。そのほとんどを日本《にほん》に輸出《ゆしゅつ》しているのです。日本《にほん》が海外《かいがい》から輸入《ゆにゅう》するタコのうち、モーリタニア産《さん》は35％。総額《そうがく》はなんと118億円《おくえん》にもなります。モーリタニアにタコ漁《りょう》を伝《つた》えたのは、日本人《にほんじん》だったという話《はなし》もあります。

ヨーロッパなどでもタコは「悪魔《あくま》の使《つか》い」と気味悪《きみわる》がられほとんどの国《くに》では食《た》べられていない。

虹《にじ》が2色《しょく》しかない!?

アフリカの西《にし》、赤道近《せきどうちか》くにある国《くに》がリベリアです。リベリアは、アメリカで解放《かいほう》され国《くに》に帰《かえ》ることを許《ゆる》された奴隷《どれい》たちが独立《どくりつ》してつくった国《くに》です。ですので、国旗《こっき》もアメリカの国旗《こっき》に似《に》ており、国名《こくめい》も英語《えいご》で自由《じゆう》・解放《かいほう》を意味《いみ》する「リバティ」からきています。

そんなリベリアにはバッサ族《ぞく》という

人《ひと》たちがいますが、この人《ひと》たちの色《いろ》についてのとらえ方《かた》は、私《わたし》たち日本人《にほんじん》にとってみればかなり「アリエナイ」ことです。

日本《にほん》ではふつう、虹《にじ》といえば7色《しょく》です。赤《あか》、だいだい、黄色《きいろ》、緑《みどり》、青《あお》、藍《あい》、紫《むらさき》のカラフルな姿《すがた》が空《そら》に浮《う》かんでいるのが思《おも》い浮《う》かぶでしょう。ところが、リベリアのバッサ族《ぞく》に聞《き》いてみると、虹《にじ》は2色《しょく》だと答《こた》えるのです。

視力《しりょく》に問題《もんだい》がなければ私《わたし》たち日本人《にほんじん》にもバッサ族《ぞく》にも同《おな》じ虹《にじ》が見《み》えているはずですが、なぜ日本人《にほんじん》とバッサ族《ぞく》で虹《にじ》の色《いろ》の数《かず》にちがいが出《で》てきてしまうのでしょうか？

DATA

国名《こくめい》 リベリア共和国《きょうわこく》

首都《しゅと》 モンロビア

人口《じんこう》 約《やく》482万人《まんにん》

国旗《こっき》

位置《いち》

リベリア

生活《せいかつ》するのに細《こま》かい区別《くべつ》は必要《ひつよう》なし！

なぜバッサ族《ぞく》の人《ひと》が虹《にじ》を2色《しょく》ととらえるかというと、実《じつ》はバッサ語《ご》には色《いろ》をあらわす言葉《ことば》が、「暗《くら》い」をあらわす「hui」と「明《あか》るい」を意味《いみ》する「ziza」の2つしかないのです。そのため虹《にじ》でいう赤《あか》、だいだい、黄色《きいろ》はziza、緑《みどり》、青《あお》、藍《あい》、紫《むらさき》はhuiと分《わ》けられ、結果的《けっかてき》に2色《しょく》になってしまうということです。

とはいえ、バッサ族《ぞく》の人《ひと》も赤《あか》とだいだいのちがいをわかっていないわけではありません。生活《せいかつ》のうえでそれを

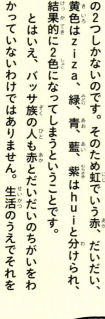

区別《くべつ》する必要《ひつよう》がないため、それにあたる言葉《ことば》がないのです。私《わたし》たち日本人《にほんじん》も虹《にじ》を7色《しょく》と数《かぞ》えていますが、よく考《かんが》えてみるともっとあることがわかると思《おも》います。赤《あか》とだいだいの混《ま》ざったところ、黄色《きいろ》と緑《みどり》のまざったところの色《いろ》は私《わたし》たちでも区別《くべつ》していません。

実《じつ》は世界《せかい》でも虹《にじ》は7色《しょく》と決《き》まっているわけではなく、5色《しょく》の国《くに》や6色《しょく》の国《くに》もあります。見《み》えている色《いろ》は同《おな》じでも、その国《くに》の暮《く》らしや文化《ぶんか》によってどんな色《いろ》があるかはちがうのです。

もっと知《し》りたい
リベリア

リベリアは、アメリカから解放《かいほう》された黒人《こくじん》たちが作《つく》った国《くに》であるため、アフリカの血筋《ちすじ》である黒人《こくじん》の権利《けんり》が大《おお》きい国《くに》です。アフリカ系《けい》ではない黒人《こくじん》もリベリアには住《す》んでいますが、彼《かれ》らには選挙権《せんきょけん》などがありません。大統《だいとう》りょうはこのような決《き》まりを変《か》え外国《がいこく》人《じん》とも協力《きょうりょく》していこうとしていますが、白人《はくじん》に支配《しはい》された人《ひと》たちの子《し》孫《そん》であるリベリア人《じん》たちからははげしく反対《はんたい》されています。

ガーナ

ライオンにパイナップル 面白《おもしろ》すぎるカンオケ!!

日《に》本《ほん》ではカンオケといえば、ふつう長方形《ちょうほうけい》の白《しろ》い木《き》です。ヨーロッパでもドラキュラのカンオケを思《おも》い出《だ》してみればわかりますが、色《いろ》のちがいはあっても形《かたち》にはそこまでちがいはありません。

ところが、ガーナのカンオケは日本《にほん》やヨーロッパから考《かんが》えると信《しん》じられないような面白《おもしろ》い形《かたち》をしています。ライオンやウシなどの動物《どうぶつ》、

コレみーんな
ワシの手《て》づくり
それマジ!?

パイナップルやトウガラシなどの野菜《やさい》・果物《くだもの》、さらに変《か》わったところではグランドピアノや靴《くつ》の形《かたち》のカンオケまで、実《じつ》にさまざまな形《かたち》があります。

こうしたカンオケは誰《だれ》かが亡《な》くなったあとに、お店《みせ》に行《い》って、すでにできあがったカンオケを選《えら》んで買《か》ってくるわけではありません。亡《な》くなった人《ひと》の仕事《しごと》や好《す》きだったものにちなんで、大工《だいく》さんにお願《ねが》いしてひとつひとつ手作《てづく》りで作《つく》ってもらうのです。お金《かね》も時間《じかん》もかかるので、お葬式《そうしき》をするまでに数《すう》カ月《げつ》かかってしまいます。しかし、なぜわざわざこのようなカンオケを作《つく》るのでしょうか？

DATA

国名《こくめい》 ガーナ共和国《きょうわこく》

首都《しゅと》 アクラ

人口《じんこう》 約《やく》2977万人《まんにん》

国旗《こっき》

位置《いち》

死《し》は新《あら》たな旅立《たびだ》ち！派手《はで》にさわいで送《おく》り出《だ》せ！

日《に》本《ほん》やヨーロッパのお葬式《そうしき》はとても静《しず》かで、黒《くろ》い服《ふく》を身《み》に着《つ》けた人《ひと》たちが悲《かな》しい空気《くうき》の中《なか》で亡《な》くなった人《ひと》を送《おく》り出《だ》すのがふつうです。

ガーナはまったくの逆《ぎゃく》です。お葬式《そうしき》は3日《か》かけてやりますが、1日目《にちめ》は村中《むらじゅう》に響《ひび》きわたる大音量《だいおんりょう》の音楽《おんがく》に合《あ》わせて村人《むらびと》たちが朝《あさ》までおどってさわぎます。

そして、亡《な》くなった人《ひと》がパイナップル農家《のうか》の人《ひと》ならパイナップルのカンオケ、コーラが好《す》きな人《ひと》ならコー

イエーイ
おじいさん
コーラ大好《だいす》きだったから
なるほどね～

ラのカンオケなど、このときのために注文《ちゅうもん》しておいた亡《な》くなった人《ひと》にちなんだカンオケをまたもや大音量《だいおんりょう》の音楽《おんがく》とともに教会《きょうかい》まで運《はこ》びます。そして3日目《かめ》に教会《きょうかい》でお祈《いの》りを捧《ささ》げます。もちろん歌《うた》っておどってさわぎながらです。

なぜこんなに派手《はで》にさわぐかというと、ガーナでは死《し》ぬことは終《お》わりではなく亡《な》くなった人《ひと》が新《あたら》しい世界《せかい》に旅立《たびだ》つと考《かんが》えられているからです。そのため、おとなしく悲《かな》しい空気《くうき》でやるよりも、お祭《まつ》りのようにさわいで送《おく》り出《だ》すことがよいとされているのです。

もっと知《し》りたい
ガーナ

ガーナといえばチョコレートが思《おも》いつきますが、チョコレートのもとになるカカオ農場《のうじょう》で働《はたら》く人《ひと》たちのほとんどはチョコレートを食《た》べたことがありません。それくらい貧《まず》しいのです。ガーナの人《ひと》が一《いっ》カ月《げつ》働《はたら》いてもらえるお金《かね》は大《おお》まかに4000円《えん》ほど。お葬式《そうしき》にかかるお金《かね》は20万円《まんえん》というから、お葬式《そうしき》がどれだけ大事《だいじ》なイベントかわかるでしょう。

チョコレートのほかにもココアなどの原料《げんりょう》にもなるカカオの実《み》。

コンゴ民主共和国《みんしゅきょうわこく》

お金《かね》は全部《ぜんぶ》おしゃれに使《つか》う！

日《に》本《ほん》には洋服屋《ようふくや》さんがたくさんあります。安《やす》いお店《みせ》も高《たか》いお店《みせ》もあります。お店《みせ》で洋服《ようふく》を買《か》ってもらったことが誰《だれ》でもあるでしょう。

いっぽう、コンゴ民主共和国《みんしゅきょうわこく》という国《くに》はとても貧《まず》しく、洋服屋《ようふくや》さんもそこまでたくさんありません。それなのに、とても高級《こうきゅう》な洋服《ようふく》を着《き》たおしゃれな人《ひと》

たちがいます。

「サプール」と呼《よ》ばれる彼《かれ》らは、お金《かね》持《も》ちというわけではなく、一《いっ》カ月《げつ》に稼《かせ》いだお金《かね》の何倍《なんばい》もの値段《ねだん》の洋服《ようふく》を買《か》うのです。

もちろん、一《いっ》カ月《げつ》のお給料《きゅうりょう》を全《ぜん》部《ぶ》洋服《ようふく》に使《つか》ったら、食《た》べ物《もの》や生活《せいかつ》するのに必要《ひつよう》なほかのものが買《か》えません。毎月《まいつき》少《すこ》しずつお店《みせ》にお金を払《はら》うことでおしゃれな洋服《ようふく》を手《て》に入《い》れるのです。

とはいえ、日本《にほん》でも洋服《ようふく》が好《す》きな人《ひと》は多《おお》くいますが、生活《せいかつ》するお金《かね》をけずったり、お金《かね》を借《か》りてまでおしゃれをする人《ひと》はほとんどいません。なぜ彼《かれ》らはここまでおしゃれにこだわるのでしょうか……？

DATA

国名《こくめい》 コンゴ民主共和国《みんしゅきょうわこく》

首都《しゅと》 キンシャサ

人口《じんこう》 約《やく》8407万人《まんにん》

国旗《こっき》

位置《いち》

コンゴ民主共和国《みんしゅきょうわこく》

戦争反対《せんそうはんたい》！おしゃれな服《ふく》は平和《へいわ》の印《しるし》！

実《じつ》はこの人《ひと》たち、サプールがおしゃれにここまでお金《かね》をかけるのには意味《いみ》があるのです。

コンゴ民主共和国《みんしゅきょうわこく》はダイヤモンドなどの資源《しげん》が豊富《ほうふ》な国《くに》です。しかし、そういった資源《しげん》をめぐって国《くに》の中《なか》で戦争《せんそう》が絶《た》えない国《くに》なのです。

こうした状況《じょうきょう》の中《なか》、サプールたちは、高《たか》くてきれいな服《ふく》を身《み》に着《つ》けることで「戦争反対《せんそうはんたい》」の考《かんが》えをあらわしました。なぜおしゃれな服《ふく》を着《き》ることが「戦争反対《せんそうはんたい》」になるのでしょうか？

それは、平和《へいわ》でなければファッションを楽《たの》しむことなどできないか

らです。サプールたちはおしゃれな服《ふく》を着《き》ることで「服《ふく》を汚《よご》したくないから俺《おれ》たちは戦《たたか》わない」という自《じ》分《ぶん》たちの考《かんが》えを主張《しゅちょう》しているのです。

サプールたちは普段《ふだん》はみんなと同《おな》じ服《ふく》で働《はたら》き、休《きゅう》日《じつ》のお祈《いの》りのときにおしゃれな服《ふく》を着《き》て行《い》きます。そのとき、サプールたちは街《まち》のヒーローとなり、みんなから声《こえ》をかけられます。彼《かれ》らが街《まち》でみんなにほめられるほど、街《まち》じゅうに「戦争反対《せんそうはんたい》」の考《かんが》えが広《ひろ》まっていくのです。

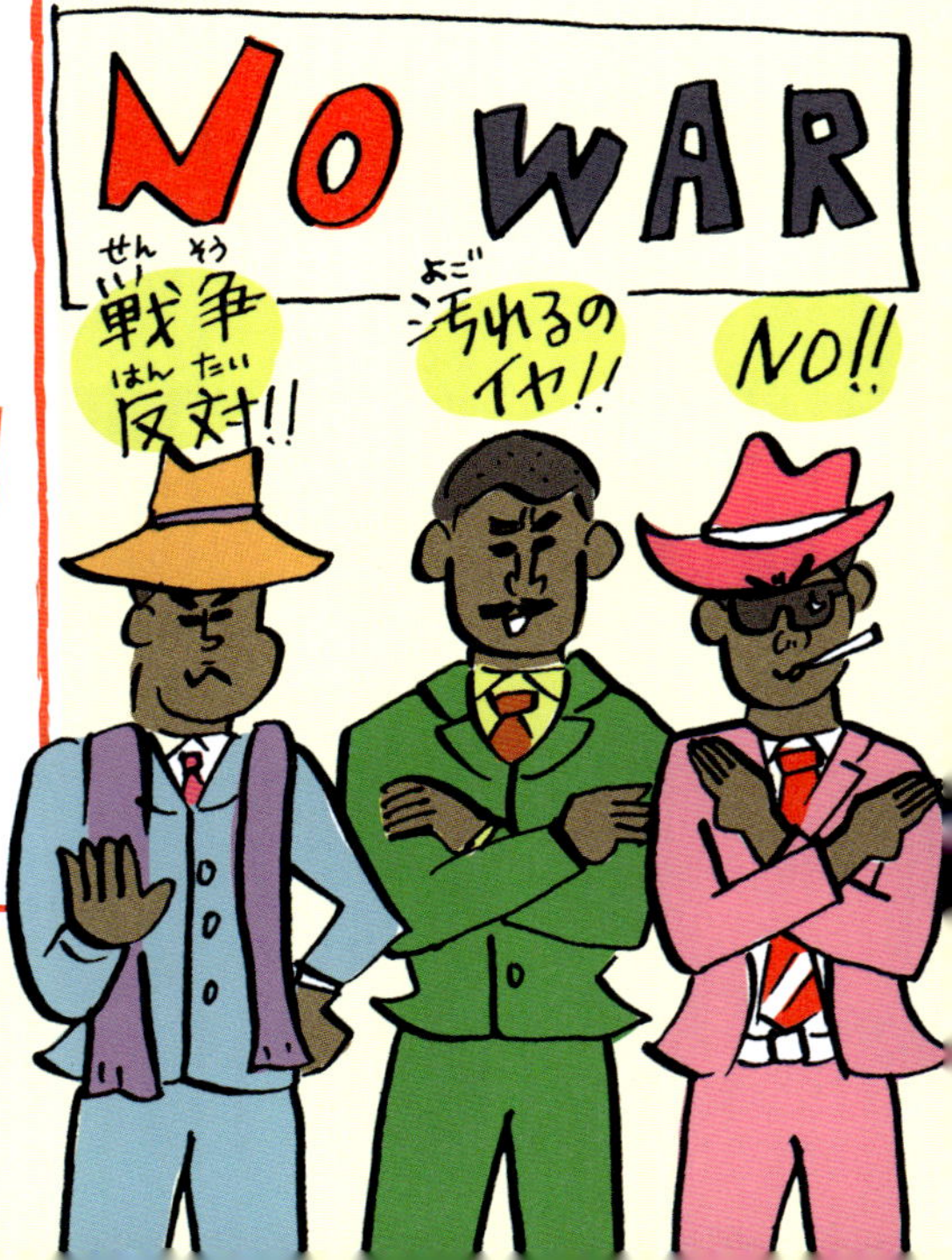

もっと知りたい コンゴ

アフリカ大陸《たいりく》のほぼ真《ま》ん中《なか》に位置《いち》するコンゴ民主共和国《みんしゅきょうわこく》は自然《しぜん》豊《ゆた》かな国《くに》としても知《し》られています。国《くに》の北東部《ほくとうぶ》にあるイトゥリには野生《やせい》動物《どうぶつ》を保護《ほご》する森《もり》があり、その中《なか》にはキリンの仲間《なかま》であるオカピを保《ほ》護《ご》する区域《くいき》があります。オカピは絶滅《ぜつめつ》の危機《きき》にありますが、この区域《くいき》には全世界《ぜんせかい》のオカピの約《やく》6分《ぶん》の1にあたる5000頭《とう》ほどが暮《く》らしており、オカピを増《ふ》やそうとする研究《けんきゅう》もされています。

1900年に発見《はっけん》されるまで、幻《まぼろし》の動物《どうぶつ》とされていたオカピ。

ウシの背中《せなか》を全裸《ぜんら》でかけぬけろ!

アフリカの東《ひがし》にあるエチオピアには、とても大《おお》きな首《しゅ》都《と》アディスアベバがありますが、一歩田舎《いっぽいなか》へ行《い》くと、大自然《だいしぜん》の中《なか》で昔《むかし》ながらの生活《せいかつ》をする80もの少数民族《しょうすうみんぞく》が暮《く》らす国《くに》でもあります。

エチオピアの南《みなみ》には、約《やく》4万《まん》5000人《にん》もの人口《じんこう》のハマル族《ぞく》が暮《く》らしています。ハマル族《ぞく》は大昔《おおむかし》の伝統《でんとう》を守《まも》って暮《く》らしている部族《ぶぞく》です。女性《じょせい》は、赤土《あかつち》とヤギのバターを混《ま》ぜたペーストで髪《かみ》を固《かた》め、ヤギ革《がわ》のスカートやアクセサリー

を身《み》に着《つ》け、とてもおしゃれなことで知《し》られています。しかし、ハマル族《ぞく》を有名《ゆうめい》にしたのは、彼《かれ》らが昔《むかし》から行《おこな》っている「ブルジャンプ」と呼《よ》ばれる成人《せいじん》の儀式《ぎしき》です。

イベントは広場《ひろば》で始《はじ》まります。村《むら》で飼《か》っているウシが10頭《とう》ほど並《なら》べられると、女性《じょせい》たちや村《むら》の男《おとこ》たちが周《まわ》りをおどって式《しき》を盛《も》り上《あ》げます。

次《つぎ》に、いよいよ成人《せいじん》する男《だん》性《せい》の登場《とうじょう》です。その姿《すがた》は黄《き》色《いろ》いヒモを体《からだ》にかけただけの素《す》っ裸《ぱだか》。新成人《しんせいじん》は、そのまま並《なら》んだウシの背中《せなか》をふみ越《こ》えながら、5回《かい》ほども背中《せなか》をかけ抜《ぬ》けるのです。

DATA

国名《こくめい》 エチオピア連邦民主共和国《れんぼうみんしゅきょうわこく》

首都《しゅと》 アディスアベバ

人口《じんこう》 約《やく》1億《おく》922万人《まんにん》

国旗《こっき》

位置《いち》

成功《せいこう》すれば一人前《いちにんまえ》！できなきゃ結婚《けっこん》もムリ！

ブルジャンプでは、新成人《しんせいじん》が途中《とちゅう》でウシから落《お》ちても気《き》にしません。やりとげることが大事《だいじ》なのです。ブルジャンプが終《お》われば、男性《だんせい》は勇敢《ゆうかん》な一人前《いちにんまえ》の男《おとこ》として認《みと》められます。何歳《なんさい》になるとブルジャンプをするのかは正確《せいかく》にはわかりません。ハマル族《ぞく》には年齢《ねんれい》を数《かぞ》える習慣《しゅうかん》がなかったからです。では、なぜ成人式《せいじんしき》かというと、恋人同士《こいびとどうし》が結婚《けっこん》したいとき、男性《だんせい》は一人前《いちにんまえ》になっていないとできない決《き》まりがあるのです。成人式《せいじんしき》は、結婚《けっこん》式《しき》の始《はじ》まりというわけです。

ブルジャンプのとき、女性《じょせい》は「ウィッピング」と呼《よ》ばれる風習《ふうしゅう》を行《おこな》い、ジャ

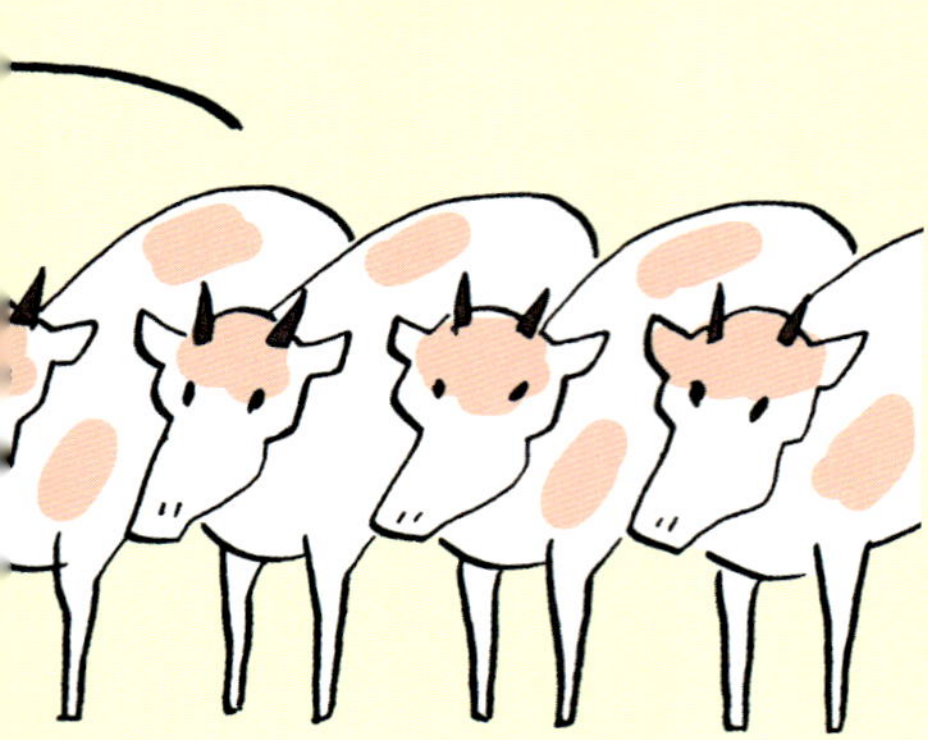

ンプする男性《だんせい》を応援《おうえん》します。これは木《き》の枝《えだ》のムチで血《ち》が出《で》るほどたたいてもらい、体《からだ》に傷《きず》をつけるのです。女性《じょせい》は血《ち》が出《で》ても平気《へいき》で、ムチ打《う》ちの合間《あいま》におどり、大《おお》きな声《こえ》で歌《うた》います。これを30分《ぷん》ほども続《つづ》けます。

エチオピアは、現在《げんざい》の人間《にんげん》が初《はじ》めて生《う》まれた場所《ばしょ》だと考《かんが》えられ、3000年以上《ねんいじょう》も前《まえ》から栄《さか》えた国《くに》でした。ブルジャンプにも長《なが》い歴史《れきし》が秘《ひ》められているのです。

うおー！
オレは大人《おとな》だー！
わたりきったー
大人《おとな》なら
かくそう
サッ
トン

もっと知《し》りたい

エチオピア

エチオピアのムルシ族《ぞく》は、女性《じょせい》が下唇《したくちびる》に穴《あな》を空《あ》け、お皿《さら》のような「デヴィニア」をはめた少数民族《しょうすうみんぞく》です。100年以上前《ねんいじょうまえ》、アフリカ人《じん》が奴隷《どれい》にされていたとき、ムルシ族《ぞく》は円盤《えんばん》をはめ、自分《じぶん》をみにくく見《み》せてさらわれないようにしていたのが風習《ふうしゅう》になったそうです。今《いま》では大《おお》きなお皿《さら》をはめた女性《じょせい》ほど美《うつく》しいとされています。でも、このごろは国《くに》が禁止《きんし》したので、こうした下唇《したくちびる》をした女性《じょせい》は少《すく》ないそうです。

小《ちい》さなお皿《さら》から始《はじ》め、だんだんと大《おお》きなお皿《さら》に変《か》えていくというムルシ族《ぞく》の「デヴィニア」。

ケニア

自分《じぶん》が悪《わる》くてもあやまらない!!

アフリカの東《ひがし》にあるケニアは、首都《しゅと》ナイロビにとても大《おお》きな自然公園《しぜんこうえん》があるため、街《まち》の近《ちか》くをライオンが歩《ある》いていることもあるワイルドな国《くに》です。日本《にほん》からも毎年《まいとし》、多《おお》くの観光客《かんこうきゃく》が訪《おとず》れます。

こんな雄大《ゆうだい》な自然《しぜん》の国《くに》ケニアで暮《く》らす人々《ひとびと》は大《おお》らかな人《ひと》が多《おお》いのですが、外国人《がいこくじん》が生活《せいかつ》するのは大変《たいへん》そうです。たとえば役所《やくしょ》や会社《かいしゃ》でいろいろな手続《てつづ》きをする場合《ばあい》、

ちらの
スでは?
一言《ひとこと》ゴメンていえばいいのに!
アリエナイ!

ほかの国《くに》と同《おな》じように、最初《さいしょ》に書類《しょるい》を提出《ていしゅつ》しますが、ケニアでは最後《さいご》まで気《き》が抜《ぬ》けません。時《とき》には書類《しょるい》も書《か》き直《なお》さなければならないこともあります。役所《やくしょ》や会社《かいしゃ》の人《ひと》が大《おお》らかすぎて、書類《しょるい》をなくしてしまうのです。もし日本《にほん》だったら誰《だれ》かが責任《せきにん》を取《と》らなければなりませんが、ケニアでは申《もう》しこむ人《ひと》が、もう一度《いちど》書《しょ》類《るい》を書《か》き直《なお》さなければなりません。ケニア人《じん》は決《けっ》してあやまらないからです。でも、これは意《い》地悪《じわる》だったり、無責任《むせきにん》だったりするわけではありません。なぜケニアでは自分《じぶん》が悪《わる》くてもあやまらないのでしょうか……？

DATA

国名《こくめい》　ケニア共和国《きょうわこく》

首都《しゅと》　ナイロビ

人口《じんこう》　約《やく》4970万人《まんにん》

国旗《こっき》

位置《いち》

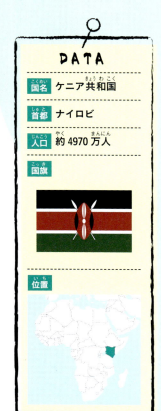

ケニア

あやまらないけど相手《あいて》のミスも責《せ》めない

ケニア人《じん》は、自分《じぶん》がミスをしても謝《あやま》りませんが、逆《ぎゃく》に人《ひと》がミスをしても責《せ》められることはありません。ケニア人《じん》には、お互《たが》いに許《ゆる》し合《あ》う文化《ぶんか》があるからです。

アニメ映画《えいが》『ライオン・キング』には、「ハクナマタタ」というケニアのスワヒリ語《ご》の表現《ひょうげん》が出《で》てきますが、これは「心配《しんぱい》ないさ」という意味《いみ》。ちょっとやそっとのことでは動《どう》じない、ケニア人《じん》の性格《せいかく》を

あっ!あなたのツボおとしちゃった…
ガシャ!
そうだったのか!

あらわした言葉《ことば》です。

また「ヨーロッパやアメリカ人《じん》は時計《とけい》を持《も》つが、ケニア人《じん》はそれぞれの時間《じかん》を持《も》っている」という言葉《ことば》もあります。時間《じかん》や責任《せきにん》に追《お》われる欧米《おうべい》の人《ひと》に対《たい》し、ケニア人《じん》は自分《じぶん》のペースで行動《こうどう》します。そして相手《あいて》のペースや考《かんが》えも認《みと》めているので、何《なに》があっても「心配《しんぱい》」なんかしないわけです。大《だい》自然《しぜん》の中《なか》で育《はぐ》まれてきた大《おお》らかなケニア人《じん》の考《かんが》え方《かた》には、日本人《にほんじん》も見習《みなら》わなければならないところがたくさんあるようです。

もっと知《し》りたい ケニア

ケニアからは多《おお》くの文《ぶん》化人《かじん》やスポーツ選手《せんしゅ》が生《う》まれています。その子孫《しそん》の中《なか》で最《もっと》も有名《ゆうめい》なのが、ケニア人《じん》の父《ちち》とアメリカ人《じん》の母《はは》の間《あいだ》に生《う》まれた、アメリカ合《がっ》衆国初《しゅうこくはつ》の黒人大統《こくじんだいとう》りょうバラク・オバマです。「オバマ」はケニアのルオ族《ぞく》の姓《せい》です。オバマの大統《だいとう》りょう当選《とうせん》のとき、ケニアの当時《とうじ》のムワイ・キバキ大統《だいとう》りょうは、「オバマ氏《し》の勝利《しょうり》はケニアにとっての勝利《しょうり》でもある」と言《い》いました。

第《だい》44代《だい》アメリカ大統《だいとう》りょう。国民《こくみん》からもとても支持《しじ》されていた。

南《みなみ》アフリカ

カレーはくり抜《ぬ》いた食《しょく》パンの中《なか》につめこむ！

アフリカの南端《みなみはし》に位置《いち》し、インド洋《よう》に面《めん》しているのが南《みなみ》アフリカです。この国《くに》の人《にん》気《き》の料理《りょうり》が、食《しょく》パンの中《なか》にカレーが入《はい》った「バニーチャウ」です。えっ、アフリカでカレー？　と思《おも》うかもしれませんが、もともとはインド人《じん》が多《おお》く住《す》んでいて、おいしいカレーが食《た》べられると評判《ひょうばん》だった港町《みなとまち》ダーバンの名物料理《めいぶつりょうり》だったものです。

作《つく》り方《かた》は簡単《かんたん》です。一斤分《いっきんぶん》ほどの食《しょく》パンをくり抜《ぬ》いて、その中《なか》にカレーを注《そそ》ぎこむだけ。食《た》べ方《かた》はまず、くり抜《ぬ》いた中身《なかみ》をカレーに浸《ひた》して食《た》べ、次《つぎ》に周《まわ》りの耳《みみ》の部分《ぶぶん》を崩《くず》しながら食《た》べ進《すす》めていきます。手《て》で食《た》べる人《ひと》や、ナイフとフォークを使《つか》う観光客《かんこうきゃく》たちもいて、自由《じゆう》なスタイルで食《た》べる手軽《てがる》な食事《しょくじ》です。

ヒンディー語《ご》で商人《しょうにん》は「バニア」、「チャウ」は英語《えいご》で「かむ」という意味《いみ》で、インド料理《りょうり》のレストランが1940年代《ねんだい》に考《かんが》えたといわれています。いろいろな国《くに》の人《ひと》が移《うつ》り住《す》んだ南《みなみ》アフリカは、各国《かっこく》の食《た》べ物《もの》がアフリカ料理《りょうり》と合体《がったい》して、ユニークな食《た》べ物《もの》が生《う》まれました。

DATA

国名《こくめい》	南《みなみ》アフリカ共和国《きょうわこく》
首都《しゅと》	プレトリア
人口《じんこう》	約《やく》5778万人《まんにん》
国旗《こっき》	
位置《いち》	

南《みなみ》アフリカ

すぐわたせるように！インド人《じん》と現地《げんち》黒人《こくじん》の友情料理《ゆうじょうりょうり》

バニーチャウには、南《みなみ》アフリカの歴史《れきし》がつまっています。イギリス人《じん》は、19世紀《せいき》から南《みなみ》アフリカを支配《しはい》していました。このとき、同《おな》じくイギリスが支配《しはい》していたインドから、たくさんのインド人《じん》が南《みなみ》アフリカに移《うつ》り住《す》んだのです。昔《むかし》、南《みなみ》アフリカは、アパルトヘイトといって、黒人《こくじん》やインド人《じん》などを差別《さべつ》するという社会《しゃかい》の決《き》まりがありました。彼《かれ》らはレストランで食事《しょくじ》をすることも許《ゆる》されていなかったのです。そこでインド人《じん》の商人《しょうにん》は、パンで

作《つく》った器《うつわ》にカレーをつめて、こっそり黒人《こくじん》たちや仲間《なかま》のインド人《じん》たちに売《う》りました。これがバニーチャウの始《はじ》まりで、当時《とうじ》、イギリス人《じん》とは同《おな》じように扱《あつか》ってもらえなかったインド人《じん》と、黒人《こくじん》たちの友情《ゆうじょう》が生《う》み出《だ》した料理《りょうり》といえるのです。

1994年《ねん》、南《みなみ》アフリカの全部《ぜんぶ》の人《ひと》による初《はじ》めての選挙《せんきょ》が行《おこな》われ、ついにアパルトヘイトがなくなりました。今《いま》ではバニーチャウは、誰《だれ》でも同《おな》じレストランで食《た》べられる料理《りょうり》となったのです。

もっと知《し》りたい 南《みなみ》アフリカ

金《きん》やダイヤモンドがたくさんとれた南《みなみ》アフリカは、ヨーロッパ人《じん》に支配《しはい》されてきました。黒人《こくじん》を差別《さべつ》するルールに大反《だいはん》対《たい》していたグループのネルソン・マンデラ氏《し》は、27年《ねん》も牢屋《ろうや》に入《い》れられながら活動《かつどう》していたことで世界《せかい》でも有名《ゆうめい》です。マンデラ氏《し》は牢屋《ろうや》でいろいろなことを勉強《べんきょう》し、通《つう》信教育《しんきょういく》の大学《だいがく》を卒業《そつぎょう》しました。そして94年《ねん》に行《おこな》われた選挙《せんきょ》で、立候《りっこう》補《ほ》したマンデラ氏《し》は大統《だいとう》領《りょう》に選《えら》ばれたのです。

南《みなみ》アフリカの紙幣《しへい》にも顔《かお》が印刷《いんさつ》されているネルソン・マンデラ。

もっと知《し》りたい アフリカの国々《くにぐに》

ナイジェリア

【人口《じんこう》】1億《おく》9587万人《まんにん》
【首都《しゅと》】アブジャ

アフリカで一番多《いちばんおお》くの石油《せきゆ》が出《で》る国《くに》で、そのためアフリカで一番《いちばん》お金持《かねも》ちな国《くに》。また、アフリカで一《いち》番人口《ばんじんこう》の多《おお》い国《くに》でもある。ただし石油《せきゆ》などでお金《かね》をもうけている一《いち》部《ぶ》の人《ひと》たちよりも貧乏《びんぼう》な人《ひと》たちのほうがずっと多《おお》いので、問題《もんだい》になっている。映画《えいが》がたくさん作《つく》られ、アメリカのハリウッドにちなんで「ノリウッド」と呼《よ》ばれている。

モロッコ

【人口《じんこう》】3603万人《まんにん》
【首都《しゅと》】ラバト

アフリカの一番北西《いちばんほくせい》にある国《くに》で、昔《むかし》はフランスとスペインに支配《しはい》されていた。たくさんの建物《たてもの》が美《うつく》しいモザイクタイルでかざられていて、外国《がいこく》の人《ひと》たちに人気《にんき》がある。日本《にほん》と同《おな》じように、地震《じしん》の多《おお》い国《くに》。乾燥《かんそう》していて水《みず》が少《すく》ない国《くに》で、野菜《やさい》などから出《で》る水分《すいぶん》だけで料理《りょうり》する「タジン鍋《なべ》」は日本《にほん》でも有名《ゆうめい》。

コートジボワール

【人口《じんこう》】2507万人《まんにん》
【首都】ヤムスクロ

チョコレートのもとになるカカオが世界《せかい》で一番多《いちばんおお》くとれることで有《ゆう》名《めい》な国《くに》だが、カカオだけでなく石《せき》油《ゆ》も外国《がいこく》にたくさん売《う》っている。また、天然《てんねん》ゴムや金《きん》もたくさんとれる。しかし全体《ぜんたい》としてはとても貧乏《びんぼう》な人《ひと》が多《おお》く、学校《がっこう》に行《い》くこともできずにカカオ畑《ばたけ》で長《なが》い時間《じかん》を働《はたら》かされている子《こ》どもたちがいることなど、問題《もんだい》もいろいろある。

ザンビア

【人口《じんこう》】1735万人《まんにん》
【首都《しゅと》】ルサカ

銅《どう》が世界《せかい》で8番目《ばんめ》にたくさんとれる国《くに》で、ずっと昔《むかし》から銅《どう》を外国《がいこく》に売《う》ってきた。しかし最近《さいきん》では銅《どう》だけではなくほかにも産業《さんぎょう》をつくろうと考《かんが》えている。そこで目《め》をつけられたのが自然《しぜん》の多《おお》さで、ナイアガラの滝《たき》と並《なら》ぶ大《おお》きさのビクトリアの滝《たき》や、動物《どうぶつ》がたくさんいる国《こく》立公園《りつこうえん》などで、外国《がいこく》から多《おお》くのお客《きゃく》さんに来《き》てもらおうとしている。

おわりに

人生《じんせい》いろいろ、文化《ぶんか》もいろいろ。世界《せかい》はあまりに多種多様《たしゅたよう》。

常識《じょうしき》、当《あ》たり前大崩壊《まえだいほうかい》で、あ然《ぜん》、ぼう然《ぜん》、アリエナイ！

でもちょっと待《ま》って？

こんな世界《せかい》の「アリエナイ！」、出合《であ》ってみれば我《われ》らがニッポンの「常識《じょうしき》」、「当《あ》たり前《まえ》」なんて実《じつ》はちっぽけ、小《ちい》さな世界《せかい》。

こんなのにがんじがらめにしばられて、「自分《じぶん》はダメだ！　ハミダシ者だ！」と悩《なや》むのは馬鹿《ばか》らしい。

だったら広《ひろ》い世界《せかい》を見《み》わたして、ニッポンを高《たか》みの見物《けんぶつ》してみよう、というのがこの本《ほん》。

世界《せかい》がちぢむこの時代《じだい》、生《い》きるも死《し》ぬも一度《いちど》きり。

人生《じんせい》いろいろ、文化《ぶんか》もいろいろ。

どうせ同《おな》じ人生生《じんせいい》きるなら、アリエナイ文化《ぶんか》も楽《たの》しまにゃ損々《そんそん》。

そんな人《ひと》が増《ふ》えるなら、多文化社会《たぶんかしゃかい》も気楽《きらく》に生《い》きられて、
世界《せかい》も平和《へいわ》になるだろう、というわけなのです。

斗鬼正一《ときまさかず》

さくいん

ア

カ

サ

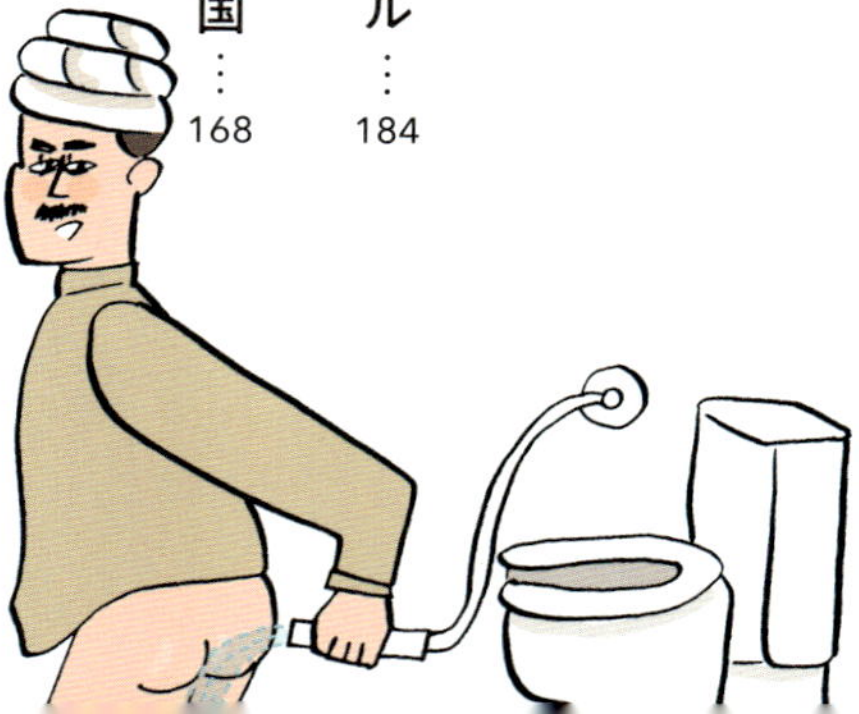

ズンドコ

MAPさくいん

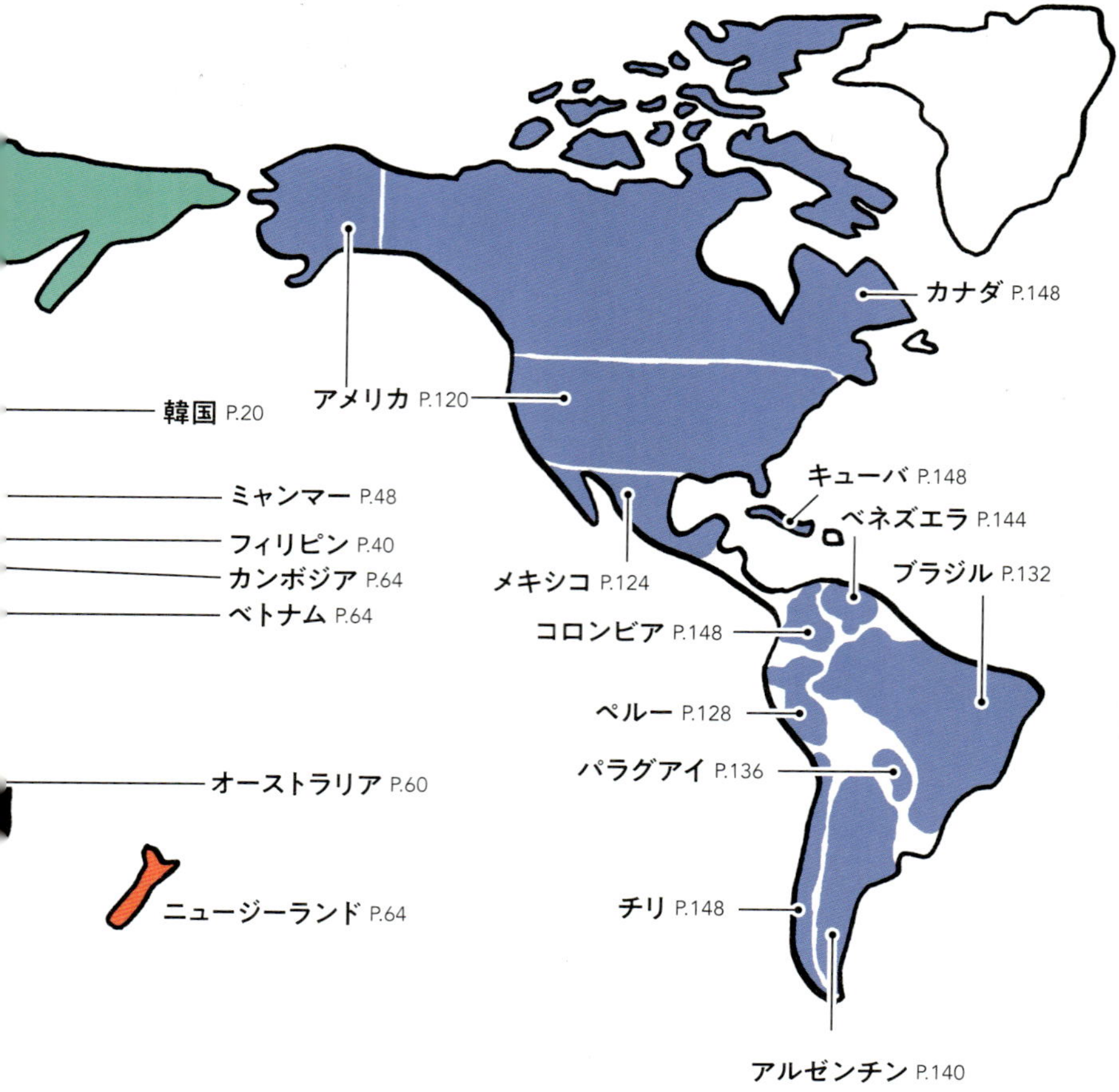

カナダ P.148
アメリカ P.120
韓国 P.20
ミャンマー P.48
フィリピン P.40
カンボジア P.64
ベトナム P.64
キューバ P.148
ベネズエラ P.144
メキシコ P.124
ブラジル P.132
コロンビア P.148
ペルー P.128
パラグアイ P.136
オーストラリア P.60
ニュージーランド P.64
チリ P.148
アルゼンチン P.140

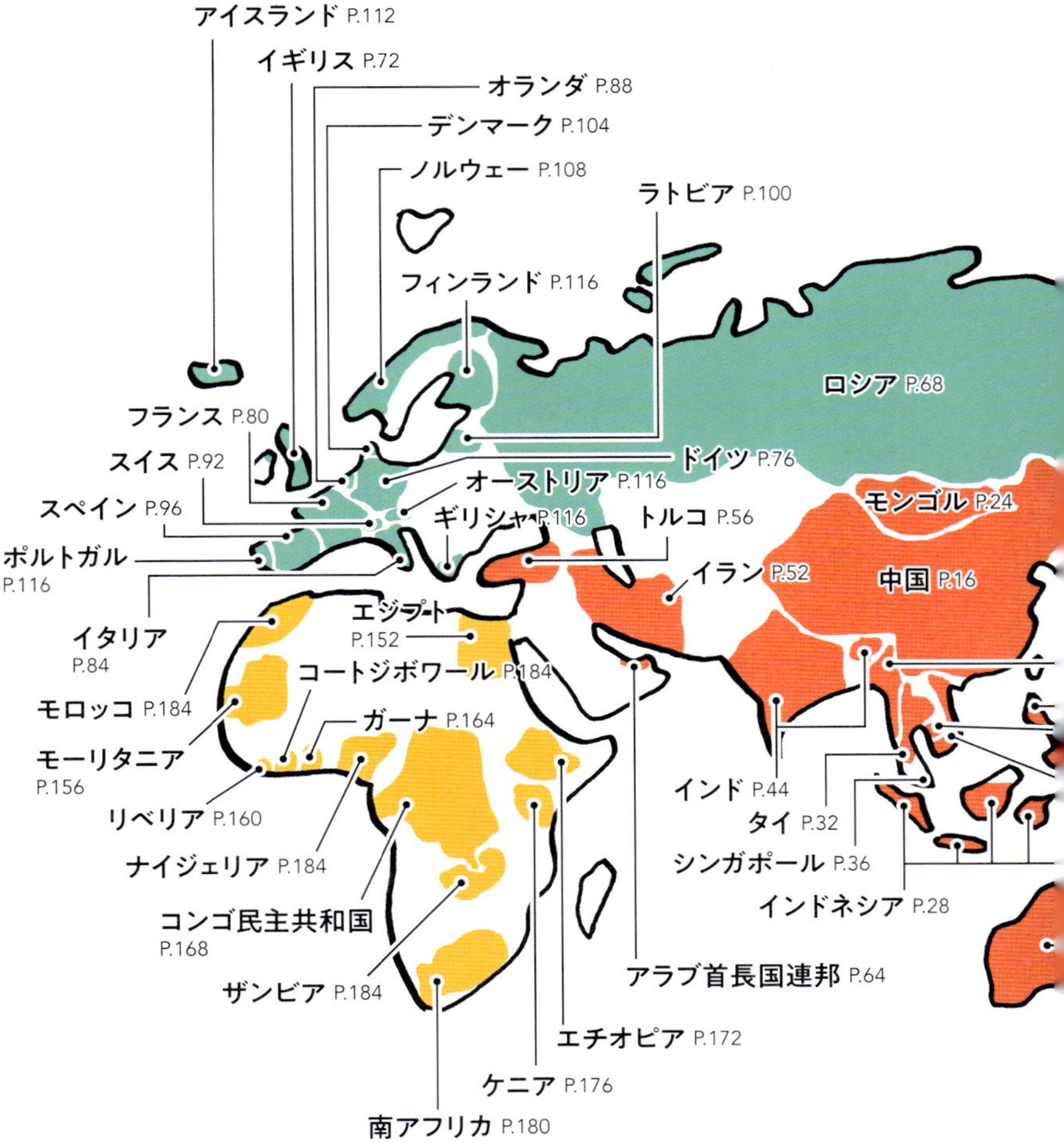

アイスランド P.112
イギリス P.72
オランダ P.88
デンマーク P.104
ノルウェー P.108
ラトビア P.100
フィンランド P.116
ロシア P.68
フランス P.80
スイス P.92
ドイツ P.76
オーストリア P.116
スペイン P.96
ギリシャ P.116
トルコ P.56
モンゴル P.24
ポルトガル P.116
イラン P.52
中国 P.16
イタリア P.84
エジプト P.152
コートジボワール P.184
モロッコ P.184
ガーナ P.164
モーリタニア P.156
リベリア P.160
インド P.44
タイ P.32
シンガポール P.36
ナイジェリア P.184
インドネシア P.28
コンゴ民主共和国 P.168
アラブ首長国連邦 P.64
ザンビア P.184
エチオピア P.172
ケニア P.176
南アフリカ P.180

参考文献

『開幕！世界あたりまえ会議 - 私の「ふつう」は、誰かの「ありえない」』
斗鬼正一（ワニブックス）

『目からウロコの文化人類学入門―人間探検ガイドブック』 斗鬼正一（ミネルヴァ書房）

『頭が良くなる文化人類学「人・社会・自分」――人類最大の謎を探検する』
斗鬼正一（光文社）

『こっそり教える「世界の非常識」184』 斗鬼正一（講談社）

『地理×文化×雑学で今が見える　世界の国々』 かみゆ歴史編集部（朝日新聞出版）

『世界の国ぐに 探検大図鑑』 正井 泰夫、辻原 康夫監修（小学館）

『日本人が驚く中南米 33 カ国のお国柄』 造事務所 編著（ＰＨＰ研究所）

『日本人が知らないヨーロッパ 46 カ国の国民性』 造事務所 編著（ＰＨＰ研究所）

『日本人が意外と知らないアジア 45 カ国の国民性』 造事務所 編著（ＰＨＰ研究所）

『それ日本と逆 !? 文化のちがい習慣のちがい〈1〉モグモグ食事のマナー』
須藤 健一 監修（学研教育出版）

『それ日本と逆 !? 文化のちがい習慣のちがい〈2〉パクパク料理と食べ物』 同上

『それ日本と逆 !? 文化のちがい習慣のちがい〈3〉ウキウキ生活スタイル』 同上

『それ日本と逆 !? 文化のちがい習慣のちがい〈4〉フムフム人生のイベント』 同上

『それ日本と逆 !? 文化のちがい習慣のちがい〈5〉イロイロしぐさと発想』 同上

『それ日本と逆 !? 文化のちがい習慣のちがい〈6〉アレコレ資料編』 同上

『人間図鑑 みんなのちがい』（いろは出版）

『世界のふしぎ　なぜ？どうして？』 伊藤 純郎 監修（高橋書店）

『ドイツの犬はなぜ幸せか―犬の権利、人の義務』 グレーフェ 彧子（中央公論新社）

『カレーの世界史』 井上岳久（SB クリエイティブ）

その他数多くの書籍・記事を参考にさせていただきました。

斗鬼正一《ときまさかず》

江戸川大学名誉教授、明治大学兼任講師。1950年鎌倉生まれ。熱帯ジャングルのヤップ島、コンクリートジャングルの香港、ソウル、そして東京、大阪など、日本と世界を股にかけた現地生活密着のフィールドワークで、「人間・世の中・自分という人類最大の謎」を探検する文化人類学者。NHK「チコちゃんに叱られる」、TBS「この差って何ですか？」など、メディアでも活躍中。著書に『世界あたりまえ会議』(ワニブックス)、『頭が良くなる文化人類学』(光文社)、『こっそり教える世界の非常識184』(講談社)、『目からウロコの文化人類学入門ー人間探検ガイドブック』(ミネルヴァ書房)。

あべさん

宮城県出身。東京在住のイラストレーター。独特のゆるいタッチを武器に、雑誌やWEBなどを中心に活動中。趣味は散歩と妄想と昭和のドラマ鑑賞。

真平《しんぺい》（p14、66、118、150のMAP）

三重県在住フリーのイラストレーター。書籍・ゲーム等のイラスト製作を中心に活動している。

執筆協力：大越よしはる、幕田けい太
写真：Pixta、Photolibrary

そのほか、パブリック・ドメイン、クリエイティブ・コモンズの写真も使用させていただきました。

ニッポンじゃアリエナイ世界の国

2020年4月27日　初版第1刷発行

監　修　斗鬼《とき》　正一《まさかず》

発行者　小川　淳

発行所　SBクリエイティブ株式会社
〒106-0032東京都港区六本木2-4-5
営業03（5549）1201

装　幀　Q.design（別府 拓）

組　版　G.B.Design House

校　正　ペーパーハウス

編　集　北村耕太郎

印刷・製本　株式会社シナノ パブリッシング プレス

本書をお読みになったご意見・ご感想を下記URL、QRコードよりお寄せください。

https://isbn2.sbcr.jp/05414/

ISBN978-4-8156-0541-4